MARGOT BERGER

Mein Herz schlägt für Pferde

28 KURZGESCHICHTEN

Die Deutsche Bibliothek – CIP-Einheitsaufnahme

Berger, Margot:
Mein Herz schlägt für Pferde : 28 Kurzgeschichten /
Margot Berger. – München : F. Schneider, 1995
   ISBN 3-505-10095-1

Dieses Buch wurde auf chlorfreies,
umweltfreundlich hergestelltes
Papier gedruckt.

© 1995 by Franz Schneider Verlag GmbH
Schleißheimer Straße 267, 80809 München
Alle Rechte vorbehalten
Titelfoto: Gabriele Boiselle
Umschlaggestaltung: Claudia Wolfrath
Illustrationen: Sonja Firmenich
Lektorat: Carola Nowak
Herstellung: Gabi Lamprecht
Satz: Ludwig Auer GmbH, Donauwörth, 12' Walbaum
Druck/Bindung: J. Ebner GmbH & Co. KG, Ulm
ISBN: 3-505-10095-1

Inhalt

Der Tag, an dem Inka lächelte

Der Reitschulbesitzer seufzte tief und schob die Unterlippe vor. Das machte er immer, wenn er Bedenken wegen irgend etwas hatte. Und diesmal hatte er schwerste Bedenken.

Mit gekreuzten Armen hockte er auf dem Holzstapel vor dem Paddock und musterte das Pferd, das er gerade ausgeladen hatte.

In der Tat gab das, was er sah, nicht gerade Anlaß zu ungetrübter Freude. Die große Fuchs-

11

stute sah heruntergekommen und arg vernachlässigt aus. Die Augen konnte sie wegen einer Bindehautentzündung kaum offenhalten, die verrosteten Ringe ihres Halfters hatten Nase und Backen aufgescheuert. Und dünn war sie! So mager, daß man ihre Rippen einzeln zählen konnte. Ab und zu hustete die Stute kurz und trocken.

Ob der Kauf richtig gewesen war? Gut, er hatte Inka zwar zu einem Spottpreis bekommen. Aber eigentlich hatte er ja überhaupt kein Pferd kaufen wollen.

Rein zufällig war der Reitschulbesitzer heute morgen auf der Suche nach einem neuen Strohlieferanten auf einem Bauernhof am Rand eines kleinen Dorfes gelandet. Dort sollte die Stute gerade in den Hänger verladen werden.

„Zum Tierarzt?" hatte er gefragt, doch der Bauer hatte geantwortet: „Die kommt jetzt endlich zum Schlachter. Kostet nur Geld. Und Zeit. Ist noch so ein Erbstück von meinem Vater."

Während er die Stute auf die Hängerrampe zu bugsieren versuchte, hatte der Bauer sich zum Reitstallbesitzer umgedreht: „Hier im Dorf will sie keiner haben. Hat ja doch keiner Zeit zum

Reiten." Und mit leicht wütendem Unterton hatte
er hinzugefügt: „Was mußte mein Vater sich auch
mit siebzig Jahren noch ein neues Pferd anschaf-
fen ... Ich kann jetzt sehen, wo ich damit bleibe!"

Verstört hatte sich die große Stute vorwärts
drängen lassen. Sie hatte kein Stückchen Himmel
mehr gesehen, seit ihr alter Besitzer mit ihr vor
seinem Tod im Frühjahr ausgeritten war.

Der Reitschulbesitzer hatte den Bauern aufge-
halten und sich die Stute angesehen. Sie war
noch jung, erst sechs Jahre alt. Eigentlich konnte
er für seine Anfänger noch ein Pferd gebrauchen,
das sicher im Gelände war ...

Wenn man sie so ansah, dachte er jetzt auf seinem Holzstapel vor dem Paddock, konnte man sie
glatt für doppelt so alt halten. Ein großes, trauriges Pferd. Am Ausdruck ihres Gesichtes konnte
man unschwer erkennen, was sie in letzter Zeit
mitgemacht hatte.

Die Bindehautentzündung und der Husten –
das war eindeutig eine Allergie, wie Füchse sie
oft haben. Eine Art Heuschnupfen. Das würde er
wieder hinkriegen, wenn er bei Einstreu und Futter entsprechend umsichtig war. Aber noch wich-

tiger war ein freundlicher, einfühlsamer Mensch, zu dem das vereinsamte Tier wieder Vertrauen fassen konnte. Ohne jede Ansprache hatte es fast ein halbes Jahr lang in einem düsteren Schuppen gestanden!

Im Geiste ging der Reitschulbesitzer die Namen der Reitermädchen durch, die besonders häufig im Stall halfen. Nicole – genau! Das war die Richtige!

„Nicole!" rief er in Richtung Stall. „Willst du dich um unsere neue Stute kümmern?"

Nicole war erst kurze Zeit bei ihm im Stall und hatte noch kein Pflegepferd. Ein ruhiges Mädchen, zuverlässig und still. Nicoles Eltern mußten alle paar Jahre aus beruflichen Gründen umziehen. Wie sollte das Mädchen da irgendwo heimisch werden?

Als Nicole jetzt nach draußen gelaufen kam, dachte der Stallbesitzer, daß sie genauso ernst dreinblickte wie Inka.

So kamen die beiden Neuen zusammen.

Nicole traute sich am Anfang gar nicht, glücklich über ihr Pflegepferd zu sein. Was, wenn Inkas Krankheiten sich nicht besserten? Würde man ihr das dann zum Vorwurf machen? Sie hatte

in letzter Zeit viel Pech gehabt, so daß sie sich nicht mehr viel zutraute.

Trotzdem wollte sie es versuchen. Die traurige Stute hatte das Mädchen gleich ohne Angst beschnuppert. Nicole fühlte, daß Inka ihre Hilfe brauchte.

Als erstes plünderte sie zu Hause ihr Sparschwein und besorgte sich ein Buch über Pferdekrankheiten. Das Geld vom letzten Geburtstag, von dem sie sich eigentlich Jeans kaufen wollte, gab sie für ein neues Halfter aus.

„Das weichste, beste, schönste Leder, das Sie haben", betonte Nicole im Reitershop. Das sollte Inka gleich bekommen, wenn ihre Scheuerstellen vom alten Halfter abgeheilt waren.

Zweimal am Tag betupfte Nicole die Wunden vorsichtig mit Lebertransalbe. Das half gut, genau wie die Augencreme. Die Bindehautentzündung war bald schon verheilt. Und weil Inka jetzt auf Sägemehleinstreu stand und eine staubfreie Heulage anstelle von Heu bekam, besserte sich auch der Husten.

Wenn nur das Theater beim Fressen nicht gewesen wäre! Sobald Nicole mit der Haferschüssel auf der Stallgasse erschien, gebärdete

15

sich das sonst so ruhige Pferd wie wild. Mit beiden Hinterbeinen schlug es mit voller Kraft gegen die Stallwände, drohte mit flach angelegten Ohren, schnappte nach Nicole, so daß das Mädchen kaum das Futter in den Trog schütten konnte.

„Vorgezogener Futterneid", sagte der Reitlehrer sorgenvoll. „Kaum wieder abzugewöhnen."

Keiner im Stall konnte wissen, daß Inka allen Grund hatte, um ihr Futter zu fürchten. Seit einem halben Jahr war sie nicht mehr regelmäßig gefüttert worden, sondern nur dann, wenn der Bauer gerade mal an das Pferd in seinem alten Schuppen gedacht hatte. Nach zehn Minuten hatte er jedesmal alles wieder aus dem Trog genommen, was Inka noch nicht gefressen hatte.

„Dann scheint sie ja keinen richtigen Hunger zu haben", war seine Meinung gewesen. Daß Inka einfach wegen des Hustens ein langsamer Fresser war, hatte er gar nicht gemerkt. Es hätte ihn auch nicht interessiert.

Das ständige Schlagen mit den Hinterbeinen war gefährlich. Nicht nur für Nicole, sondern auch für

Inka selbst. Zweimal war sie inzwischen schon lahm gegangen, weil sie sich die Sprunggelenke an den Wänden wund geschlagen hatte.

Wenn sie dann mit Verbänden in ihrer Box stand und nicht mit ins Gelände durfte, sah Inka wieder so traurig aus wie am Anfang, und Nicole auch.

Es kam, wie der Reitlehrer es vorausgesehen hatte: Inka war schnell eines der Lieblingspferde bei Ausritten geworden. Sie behielt immer die Ruhe. Wenn ihre Pferdekollegen vor Wassersprengern und Treckern tänzelten, trabte Inka unbeirrt weiter.

Wenn sie doch auch beim Fressen endlich normaler geworden wäre! Nicole versuchte mit allen Tricks, Inka dabei zu beruhigen. Sooft es ging, nahm das Mädchen die Stute zur Fütterungszeit mit nach draußen auf die Weide und stellte ihr den Hafereimer dort hin. Wenn keine anderen Pferde in der Nähe waren, fraß Inka dann, ohne sich aufzuregen.

Im Laufe des Sommers wurde Inka auch in der Box beim Fressen weniger hektisch. Zumindest, solange ihre Freundin Nicole als „Schutzschild" neben dem Trog stand. Aber ganz ohne Schlagen

und Treten ging es nie ab. Immer wieder hatte
Inka geschwollene Gelenke. Und was jedem auf-
fiel, war ihr ungewöhnlich ernster, fast sorgen-
voller Gesichtsausdruck. Ob sie je ihre Traurigkeit verlieren würde?

Dann kam der letzte Donnerstag im August,
und das war eigentlich kein besonderes Datum.
Die Sommerferien gingen zu Ende, das Taschengeld war verbraucht, keiner im Stall hatte
Geburtstag oder gab Eis aus.

Trotzdem wurde es der schönste letzte August-
donnerstag seit vielen Jahren. An diesem Abend
schien Inka nämlich verstanden zu haben, daß
sie im Stall ein richtiges Zuhause gefunden hatte
und daß sie in Ruhe fressen konnte, ohne Angst
um ihr Futter haben zu müssen.

Nicole beobachtete gespannt, wie die Stute ihr
Futter kaute, ohne ein einziges Mal zu treten.
Jetzt zermalmte sie das letzte Haferkorn. Dann
drehte sich Inka zu Nicole um – und lächelte.

Ja, sie lächelte wirklich!

Nicole wollte es erst nicht glauben, aber dann
sahen es auch die anderen, und bald hatten sich
zehn und mehr Reiter vor Inkas Box versammelt,
um sie lächeln zu sehen.

„Diesen Tag wollte ich eigentlich wegen der
schlechten Börse vergessen", sagte Herr Erikson,
der reiche Geschäftsmann, „aber nun ist er doch
noch schön geworden."

Und Frau Keckberger, die eigentlich mit dem
Reiten aufhören wollte, weil sie so wenig Zeit
hatte, wollte nun doch bleiben – wegen Inkas
Lächeln.

Sogar die kleine Alexandra, die heute dreimal
vom Pferd gefallen war, sagte tapfer, der Tag sei
doch nicht so schlecht gewesen, denn schließlich
habe sie Inka lächeln sehen.

Da lächelte endlich auch Nicole, aber das fiel
nur dem Reitlehrer auf – und natürlich Inka!

Willkommen zu Hause, Barny!

Seine ersten staksigen Schritte tat Barny auf wei-
chem Gras, das von diesem hellen Grün war, wie
es nur auf den Wiesen im hohen Norden zu finden ist. Barny beschloß, Hellgrün zu seiner Lieblingsfarbe zu machen.

Der kleine Fuchs wuchs in Irland auf. In der
klaren, kühlen Luft wurde er auf den saftigen
Weiden bald zu einem kräftigen, gesunden Irish
Hunter. Auf der Farm mochten ihn alle gern.

„Was für ein freundlicher Kerl", sagte jeder, der ihn kennenlernte.

Barny kannte keine Angst. Jeden Menschen guckte er vergnügt aus seinen braunen Augen an. Und er verpaßte keine Gelegenheit, seine Nase mit der auffallenden Blesse an den zweibeinigen Besuchern zu reiben und sich Streicheleinheiten zu holen.

„Am liebsten würde ich dich hierbehalten", sagte die feine ältere Lady oft zu ihm, wenn sie ihn abends in den Stall holte.

Doch es stand von Anfang an fest, daß Barny wie alle anderen Pferde der Farm mit vier Jahren als Reitpferd ins Ausland verkauft würde. Davon lebte dieses Gestüt in Irland.

Als Barny drei Jahre alt war, begann seine Besitzerin mit der Ausbildung. Zuerst nahm der kleine Fuchs es ihr sehr übel, daß sie ihm ein kaltes Metallstück ins Maul schob. Doch Barny begriff schnell, daß die Lady sich niemals von ihm verjagen ließ, wenn sie erst einmal mit der Trense in seiner Box stand. Da half kein Steigen, da half kein Kopfhochreißen. So schien es Barny ratsamer, gleich das Maul zu öffnen, wenn er das Zaumzeug nur sah.

„Kluger Barny", lobte ihn die Lady dann und belohnte ihn mit einem rotbackigen Apfel. Barny bemühte sich sehr, ihr zuliebe alles richtig zu machen, denn je eher sie mit der täglichen Ausbildungsarbeit fertig waren, desto eher ließ sie ihn wieder auf seine hellgrüne Wiese.

Am liebsten mochte es Barny, wenn ein Sturm über die Insel fegte. Dann war es draußen viel schöner als im Stall. Wenn der Wind ihm die dicke Mähne zerzauste, hing in der Luft auch der Salzwassergeruch des nahen Atlantiks, der sich mit dem Duft von Gras und Kräutern mischte.

Das erinnerte Barny an die herrlichen Ausritte ans Meer, die seine Lady manchmal mit ihm unternahm. Dann ritten sie stundenlang über grüne Hügel bis an den Strand. Unterwegs konnte Barny kilometerweit ins Land sehen – auf niedrige Bauernhäuser und auf Weiden mit schwarzweißen Kühen und wuscheligen Schafen, hinüber zu irischen Mädchen mit fuchsrotem Haar, die ihm vom Fahrrad aus zuwinkten.

Und dann endlich das Meer. Lange bevor seine Lady das Donnern der Brandung vernahm, konnte Barny es schon hören. Dann war er kaum noch zu halten, und wenn sie den Strand sahen,

quiekte er vor Vergnügen. Wenn endlich der Galopp losging, wäre er am liebsten bis ans Ende der Insel gerannt.

Aber dann kam ja immer noch der „Leckerbissen" bei diesen Ausflügen ans Meer. Bevor der Hänger sie für den Heimweg abholte, nahm die Lady ihm den Sattel ab und spazierte noch ein Stück mit ihm den Strand entlang. Dann durfte sich Barny so ausgiebig wälzen, daß der feine Sand nach allen Seiten wegstob.

Konnte das Leben nicht immer so schön bleiben?

Doch Barnys Tage auf dem Gestüt waren gezählt. Eines Morgens spürte der Fuchswallach, daß heute etwas anders war als sonst. Seine Lady blieb viel länger als sonst in seiner Box.

„Du bist jetzt fast erwachsen, Barny", sagte sie leise. „Such dir deine neuen Besitzer gut aus, denn wo du jetzt hinkommst, da wirst du dein Leben lang bleiben."

Während Barny wie immer seine Nase an ihrer Weste rieb, rollte draußen ein riesengroßer Transporter auf den Hof. Und ehe Barny wußte, wie ihm geschah, war er schon mit elf anderen Stallgenossen verladen worden.

Es war eng da oben. So eng, daß die Pferde direkt Kopf an Kopf stehen mußten. Das mißfiel Barny sehr, aber es ging nicht anders. Woher sollte er wissen, daß er jetzt eine fast zweitägige Schiffsreise über den Ozean vor sich hatte, wo sich die Pferde gegenseitig bei den schaukelnden Bewegungen stützen mußten?

Die Fahrt war lang und sehr unangenehm. In dem Transporter auf dem Schiffsdeck war es stickig, und sie bekamen nichts zu fressen. Barny fürchtete sich ein bißchen. Nicht übermäßig; er hatte gerade so viel Angst, wie man sie als vierjähriger Wallach hat, wenn die Kinderzeit zu Ende ist und man nicht genau weiß, wie es weitergeht. In Menschenjahren gerechnet wäre Barny jetzt ungefähr vierzehn bis fünfzehn Jahre alt gewesen, und heute sollte sich sein Schicksal entscheiden.

Während das Schiff Kurs auf Bremerhaven nahm, standen beim nahen Pferdehändler schon zahlreiche Interessenten auf dem Hof, um sich Pferde für ihre Reitschulen auszusuchen. Endlich kamen die insgesamt vier großen Transporter aus Irland an.

Als die Rampe von Barnys Wagen geöffnet

wurde, konnten die Pferde im ersten Moment gar nichts erkennen, denn ihre Augen waren durch die lange Dunkelheit empfindlich geworden.

Ein Pferd nach dem anderen wurde von der Rampe geführt und aufmerksam von den möglichen Käufern in Augenschein genommen.

Barny war der letzte. Er blieb einen Moment auf der schrägen Holzrampe stehen und blinzelte auf die erwartungsvollen Menschen vor ihm. Vier Männer standen da, die er ziemlich öde fand. Dann noch ein großer, breiter Mann in Lederjacke, der dauernd dröhnend lachte. Und dann – nein, gab es das wirklich? Barny stemmte seine Vorderbeine gegen die Querlatten der Rampe, sehr zum Ärger des Pflegers, der ihn weiterziehen wollte.

Neben den Männern stand eine zierliche Frau, die fast genauso aussah wie seine irische Lady! Die Sonne schien auf ihr kurzgeschnittenes Haar und ließ die Farbe ihrer Jacke aufleuchten. Hellgrün! Seine Lieblingsfarbe. Barny schnaubte leise, richtete seine Ohren senkrecht auf und guckte besonders freundlich zu der kleinen Lady hinüber. Und sie bemerkte es tatsächlich!

Frau Beyerhaus lächelte ihn an und sagte:

„Wer so schöne Augen hat, ist bestimmt ein netter Kerl, was?"

Inzwischen hatte der Pfleger Barny heruntergebracht, und der Wallach rieb sofort seine Nase an der hellgrünen Jacke der Lady.

Käthe Beyerhaus war extra aus Schleswig-Holstein angereist, um ein passendes Pferd für ihre Reitschule zu finden. Sie war noch eine von denen, die sich wirklich um das Wohl der Tiere sorgen. Pferde, die bei ihr standen, sollten ihr Leben lang bleiben können und nicht ex und hopp wieder verschwinden. Weil sie die Pferde nicht von morgens bis abends im Schulbetrieb gehen ließ, sondern nur einige Stunden täglich, verdiente sie natürlich weniger als andere Reitschulen. Darum mußte sie erst mal nachrechnen, ob sie wohl genug Geld für Barny hatte.

Barny war nicht ganz billig, aber er hatte Frau Beyerhaus auf Anhieb wegen seiner warmen Augen gefallen.

„Ich muß es mir noch überlegen", sagte sie zu dem Pferdehändler. „Ich möchte kurz meine Bank anrufen, wie weit ich das Konto überziehen kann."

Barny starrte ihr enttäuscht nach, als sie im

Büro verschwand. Die Lady hatte so gut ge-
rochen, nach Heu und Möhren und Freundlichkeit.

Erschreckt sprang er zur Seite, als der Lederjackenmann mit der scheußlichen Stimme ihm
auf den Rücken klopfte.

„Der scheint robust zu sein", dröhnte der Mann
zum Pferdehändler hinüber, „so was brauche ich.
Irish Hunter sind gute Gewichtsträger. Sie wissen
ja, für die Zwei-Zentner-Kerle, die noch nie auf
einem Zossen gesessen haben und den Gäulen
ordentlich ins Kreuz fallen."

Er zückte die dicke Brieftasche. „Wieviel?"

Frau Beyerhaus war voller Freude vom Tele-
fongespräch mit ihrer Bank zurückgekommen.
Doch mit welcher Enttäuschung blieb sie in der
Bürotür stehen, als sie sah, wie ihr Konkurrent
die Brieftasche herauszog! Gegen diesen Neurei-
chen, der mit Scheinen nur so um sich warf, hatte
sie wohl keine Chance. Dabei hätte sie den Fuchs
mit den freundlichen Augen so gerne gekauft!

Frau Beyerhaus sah von der Tür aus, wie Barny
einen Schritt zurücktrat, als der Mann, der einen
Urlaubsverleih für Pferde besaß, ihm ins Maul
fassen wollte. Dieser Zweibeiner gefiel dem Pferd

nicht. Barny hatte zwar keine Ahnung, was das Wort „Gewichtsträger" bedeutete, aber es konnte nichts Gutes heißen, so wie der dabei seinen Rücken angesehen hatte.

Außerdem hatte der Mann einen seltsamen Geruch, der Barny abstieß. Er wußte nicht, was das für ein Geruch war. Aber jeder Pferdefreund hätte es ihm erklären können: Der Verleiher roch nach Geldgier, nach Skrupellosigkeit, nach Interesselosigkeit an Pferden.

Völlig unvermittelt stieß Barny dem Mann mit voller Wucht gegen die Brust. Etwas, was er noch nie vorher gemacht hatte und später nie wieder tun würde. Der Lederjackenmann geriet ins Taumeln, rutschte beim Festhalten am Transporter ab und stürzte zu Boden.

„So ein Mistvieh!" brüllte er außer sich vor Wut. „Der ist ja lebensgefährlich! Der gehört zum Schlachter."

Frau Beyerhaus ging sofort auf Barny zu. Als gute Pferdekennerin spürte sie gleich, daß der kleine Fuchs nicht bösartig war, sondern im Gegenteil besonders intelligent. Als sie näher kam, streckte ihr Barny sofort seinen Kopf entgegen. Beruhigend klopfte sie ihm den Hals.

29

„Du kommst mit zu mir", sagte sie freundlich. „Bei uns wird es dir bestimmt gefallen."

Als Barny zwei Stunden später den Pferdehänger in der Reitschule Beyerhaus verließ, reckte er erstaunt den Kopf hoch. Sein Blick ging kilometerweit über grünes Land mit niedrigen Bauernhäusern und Weiden, auf denen schwarzweiße Kühe und wuschelige Schafe standen. Der Wind zerzauste seine Mähne und brachte den Geruch von Salzwasser mit.

Am Fuß der Hängerrampe wartete ein Mädchen mit fuchsroten Haaren.

„Willkommen zu Hause, Barny", sagte Antje. „Willkommen in Holstein."

Und die Wiese, auf die das Mädchen ihn brachte, hatte genau dieses helle Grün von Barnys Gras in Irland. Der kleine Fuchs seufzte tief und rieb seine Nase an Antjes Arm.

Ja, das konnte ein Zuhause sein!

Darf Tipo bleiben?

„Kümmerst du dich etwas um ihn?" Reitlehrer
Norbert Neuhaus nickte Sonja zu und deutete auf
die letzte Box, in der sich der Neuankömmling
ängstlich an die Holzwand drückte.

„Wie heißt er denn?" erkundigte sich Sonja neu-

gierig und versuchte, den pechschwarzen Wallach an die Boxentür zu locken.

„Tja", meinte Herr Neuhaus achselzuckend, „nach den Papieren heißt er Tipo. Aber in seinem alten Stall nannten sie ihn Teufel. Hoffentlich ist das kein schlechtes Zeichen…"

Jetzt hatten auch die anderen Kinder der Reitschule Neuhaus mitgekriegt, daß da ein Pferd angekommen war. Im Nu war die Box umringt. „Oh, süüüüß!" – „Guck mal, sein Fell – wie Seide!" – „Und der kleine weiße Stern auf der Stirn!" – „Der ist ja zum Knuddeln!"

„Jetzt ist aber Schluß!" In gespielter Empörung verscheuchte Sonja ihre Freundinnen. „*Mir* hat Herr Neuhaus den Neuen zum Pflegen gegeben!" Sie freute sich wahnsinnig darüber, wo doch ihr Lieblingsschulpferd Diana letzte Woche verkauft worden war.

Tipo war wirklich ein prächtiges Pferd. Ein Traberwallach – schlank und wendig, sehr sensibel. Auf der Trabrennbahn hatte er seinem Besitzer keine Preisgelder eingebracht, darum sollte der kerngesunde Wallach mit nur vier Jahren zum Schlachter. Nur gut, daß Herr Neuhaus davon

gehört hatte! Er brauchte sowieso ein neues
Schulpferd.

Alle warteten gespannt auf Tipos ersten „Auf-
tritt" beim Abteilungsreiten.

„Probier du es mal mit ihm, Sonja", schlug der
Reitlehrer vor. „Dich kennt er schon etwas."

Sonja war stolz auf sein Vertrauen in sie.
Schließlich war sie erst seit zwei Jahren in der
Reitschule.

Doch sie hatte sich zu früh gefreut. Es war eine
einzige Katastrophe! Tipo schien seinen zweiten
Namen „Teufel" zu Recht zu tragen. Er schlug
aus, sobald ein anderes Pferd in seine Nähe kam.
Wenn er irgendwo eine Gerte hörte, raste er
kopflos durch die Halle. Er buckelte und bockte,
daß selbst die sportliche Sonja sich nicht halten
konnte.

Nach zehn Minuten war es aus. In hohem
Bogen flog Sonja in die Sägespäne. Verwirrt rap-
pelte sie sich wieder auf.

„Nichts passiert?" erkundigte sich Herr Neuhaus
besorgt und klopfte ihr den Staub aus der Weste.
Sonja schüttelte den Kopf.

„Was hab' ich denn falsch gemacht?" fragte sie
und versuchte, ihre Tränen zu unterdrücken.

Sorgenvoll sah Herr Neuhaus zu Tipo hinüber, der jetzt zitternd und schweißnaß in der Mitte der Reithalle stand. Die schönen schwarzen Augen des Wallachs waren vor Angst weit aufgerissen.

„Nichts", antwortete Herr Neuhaus kurz, „aber ich fürchte, unser Tipo hat sehr, sehr schlechte Erfahrungen gemacht. Er scheint ja weder Menschen noch Pferden zu trauen."

Am nächsten Tag erschien Herr Neuhaus mit einem anderen Zaumzeug für Tipo.

„Das alte saß nicht richtig", erklärte er, als er das Kopfstück überstreifte. „Dieses ist besser. Na ja, das goldene Stirnband ist vielleicht ein bißchen kitschig, aber es paßt wenigstens."

Sonja legte den Kopf zur Seite und musterte Tipo. „Damit sieht er aus wie ein kleiner Prinz", fand sie.

Herr Neuhaus schnippte mit den Fingern. „Genau", rief er, „so soll er heißen! Vielleicht benimmt er sich ja dann auch so ..."

Sonja beschloß, sich so oft wie möglich um den verstörten Traber zu kümmern. Nach der Schule flog die Tasche in die Ecke, rauf aufs Fahrrad, und ab in den Stall.

„Ich bin's, mein Freund", begrüßte sie den Kleinen Prinzen jedesmal. Doch der Wallach kam nicht an die Boxentür wie alle anderen Pferde, sondern drückte sich ganz hinten an die Wand. Wenn Sonja ihm den Nasenrücken streicheln wollte, drehte er sich zur Seite weg. Und dann das Putzen! Unentwegt schlug er nach hinten aus, obwohl sie die ganze Zeit beruhigend auf ihn einredete. Auf seiner Kruppe entdeckte sie winzige Narben. Wer wußte, womit der alte Besitzer den Wallach geschlagen hatte!

Während die anderen Schulpferde sich auch tagsüber mal zum Ruhen ins Stroh legten, blieb der Traber immer stehen; zumindest solange jemand im Stall war.

Morgens, wenn er zum Wälzen in die Reithalle durfte, kam er niemals, wenn Herr Neuhaus ihn rief. Sobald ein Mensch an der Bandentür erschien, drückte sich Kleiner Prinz in die äußerste Ecke. Sonja oder Herr Neuhaus mußten jedesmal die ganze Halle durchqueren, um ihn abzuholen. Er ging ihnen nie einen Schritt entgegen. Auch nicht, wenn Herr Neuhaus mit einer Schüssel Pellets klapperte. Ein Trick, der bei den anderen Schulpferden immer funktionierte...

Nach vier Wochen war Sonja richtig verzweifelt. Auch Herr Neuhaus hatte inzwischen die Hoffnung fast aufgegeben, daß Kleiner Prinz jemals ein gutes Schulpferd werden würde. Inzwischen wollte ihn kaum noch jemand im Unterricht reiten.

Als Sonja eines Freitagnachmittags von der Schule kam, nahm Herr Neuhaus sie zur Seite.

„Hör zu, Sonja", sagte er, und sie merkte sofort, daß etwas nicht stimmte. „Ich weiß, daß du sehr an Kleiner Prinz hängst und dir wahnsinnig viel Mühe mit ihm gibst, aber ich fürchte, wir müssen ihn wieder verkaufen."

Sonja starrte Herrn Neuhaus entsetzt an.

„O nein", brachte sie nur heraus.

„Er ist heute wieder total durchgedreht", entgegnete der Reitlehrer mit gerunzelter Stirn. „Frau Rexroth liegt mit gebrochenem Schlüsselbein im Krankenhaus. Und unseren braven Landlord hat Kleiner Prinz so getreten, daß der Tierarzt kommen mußte. Die Schulter sieht schlimm aus."

Sonja biß sich auf die Lippen. Endlich hatte sie wieder ein Pflegepferd, und nun wollte er es ihr wegnehmen.

„Das ist gemein", stieß Sonja hervor. „Erst hat ihn dieser Rennstallbesitzer verprügelt, und nun wollen Sie ihn auch wegjagen. Ich krieg' ihn schon hin! Bitte, Herr Neuhaus!"

„Du kannst einen ganz schön fertigmachen", polterte der Reitlehrer halb im Ernst, halb im Spaß. „Also gut – aber wenn sich in vier Wochen nichts ändert, muß ich ihn wirklich weggeben. Er macht mir ja den ganzen Stall verrückt."

Als Sonja an diesem Abend nach Hause kam, führte sie ein langes Gespräch mit ihren Eltern. Und sie hatten Verständnis! Sonja bekam die Erlaubnis, einen Monat lang abends länger als sonst im Stall zu bleiben. Denn sie hatte sich überlegt, daß Kleiner Prinz wohl nur in völliger Ruhe seine Angst verlieren und zu ihr mehr Vertrauen gewinnen könnte.

Abend für Abend saß sie nun in der Stallgasse vor seiner Box. Es war schön still. Nur das gleichmäßige Malmen vieler Pferdezähne war zu hören. Manchmal sprach Sonja leise mit ihrem Wallach, manchmal summte sie ihm etwas vor. Meistens „Yesterday" von den Beatles. Das fand sie so beruhigend, weil ihre Mutter sie damit früher in den Schlaf gesungen hatte.

Das Summen schien Kleiner Prinz zu mögen. Einmal streckte er sogar seinen Kopf aus der Box und schnupperte an Sonjas Haaren. Doch als sie ihm über die Nase streicheln wollte, zog er den Kopf schnell zurück.

Dafür erlebte Sonja eine andere „Premiere": Eines Abends scharrte Kleiner Prinz in seiner Einstreu, knickte die Vorderbeine ein und ließ sich ins Stroh fallen. Dabei behielt er Sonja genau im Auge. Sonja hielt den Atem an, um ihn nur ja nicht zu stören. Sie war überglücklich!

Sie beschloß, dem Reitlehrer nichts zu sagen. Erst wollte sie noch weiter das Vertrauen von Kleiner Prinz gewinnen.

Und schon ein paar Tage später hatte sie die Gelegenheit dazu. Als sie samstags früh in den Stall kam, traute sie ihren Augen kaum: Kleiner Prinz lag im Stroh, die Vorderbeine unter den Bauch geschlagen. Und Sonja konnte es kaum glauben – er blieb liegen, als sie näher kam!

Seine Ohren gingen senkrecht nach oben, und er musterte sie angestrengt. Sonja ging in die Hocke, um ihn nicht zu erschrecken. Kleiner Prinz blieb immer noch liegen. Da hatte sie eine Idee…

Die Gitterstäbe reichten bis zum Boden und standen so weit auseinander, daß sie bequem zwischendurch kam. Sie ließ sich auf alle viere nieder und robbte ganz vorsichtig im Schneckentempo in die Box.

Kleiner Prinz beobachtete sie mit voller Konzentration. Seine Vorderbeine bewegten sich, jederzeit zum Aufspringen bereit.

Es kam Sonja wie eine Ewigkeit vor, bis sie endlich in Höhe seines Kopfes gekrochen war. Er schien sich nicht bedroht zu fühlen, schnupperte nach einiger Zeit sogar neugierig an ihren Stiefeln. Wenn das jetzt bloß Herr Neuhaus sehen könnte, ging es ihr durch den Kopf. Sie mit dem widerspenstigen Ex-Teufel im Stroh!

Seufzend richtete Sonja sich nach einigen Minuten aus der unbequemen Lage auf. Na, vielleicht gelang ihr das ja noch einmal, wenn der Chef zuguckte!

Jetzt brachte sie den Wallach erst mal zum Toben in die Halle und machte sich daran, seine Box auszumisten.

„Sonja, hol mal Kleiner Prinz ab", rief Herr Neuhaus ihr zwanzig Minuten später zu, „die anderen Pferde sollen jetzt in die Halle."

Sonja lehnte die Mistforke an die Wand und nickte.

In der Halle das übliche Bild: Der schwarze Wallach verkroch sich sofort in die Ecke, als Sonja und Herr Neuhaus auftauchten. Wie jeden Tag, ging Sonja mit ausgestreckten Handflächen auf das Pferd zu.

„Komm her, Kleiner Prinz", lockte sie, „komm her, mein Freund."

Als sie in der Mitte der Bahn angekommen war, geschah das Wunder: Zögernd setzte sich Kleiner Prinz in Bewegung, trabte dann an und lief auf Sonja zu. Das Pferd nahm seinen Kopf herunter und drückte seine weichen Nüstern in Sonjas Handflächen. Dann reckte es sich zu voller Größe auf und prustete ihr mitten ins Gesicht.

„Du hast es begriffen", flüsterte Sonja, und es störte sie nicht, daß dicke Tränen über ihr Gesicht liefen, „jetzt weißt du endlich, daß ich dein Freund bin."

Als die beiden an Herrn Neuhaus vorbei in die Stallgasse einbogen, räusperte er sich ein paarmal, sagte dann aber doch nichts. Sollte er als erfahrener alter Reitlehrer etwa zugeben, daß er vor lauter Rührung einen Kloß im Hals hatte?

Dringend gesucht:
Amadeus, Friesenhengst

Ursula Müller zögerte kurz, bevor sie aus ihrem
kleinen schwarzen Auto ausstieg. Es regnete in
Strömen, und der Zirkusplatz vor ihr sah aus wie
eine Schlammwüste. Sie warf einen Blick auf ihre
neuen Schuhe und seufzte. Die Uhr am Armatu-
renbrett zeigte zehn Minuten vor zehn an. Wenn
sie die Probe sehen wollte, mußte sie jetzt raus.

Mit eingezogenem Kopf warf Ursula Müller die Autotür zu und lief im Zickzack um die Pfützen herum. Aus dem Zelt drangen schon Fetzen der „Rhapsody In Blue". Auf Zehenspitzen hüpfte Ursula Müller an den Trittleitern der Elektriker vorbei, die gerade die Leuchtschrift „Circus Maximus" auf der Kuppel montierten.

„Richard Wagner neben Johann Strauß, dann Franz Lehár und Joseph Haydn, dahinter Albert Lortzing und..."

Hatte sie richtig gehört? Warum ging Amadeus nicht als Tetenpferd?

Ursula Müller strich sich eine nasse Haarsträhne aus der Stirn, als sie durch die Tribünenreihen eintrat.

Acht prachtvolle Friesenhengste ordneten sich gerade in der Manege paarweise hintereinander. „Freiheitspferde" heißen sie beim Zirkus, weil sie ohne Reiter gehen. Einige fast unsichtbare Peitschenbewegungen von Siegfried Herzog, und der Achtertroß aus glänzenden schwarzen Pferdekörpern wendete zu Zirkeln und Volten ab.

Ja, die mächtigen Friesenhengste sahen imponierend aus! Genau wie früher war Ursula Müller wieder fasziniert von den schwarzen Pferden

mit ihren stolz getragenen Köpfen und der ungewöhnlichen Beinaktion im Trab.

Zirkusdirektor Herzog schnalzte mit der
Zunge: „Mal etwas mehr Tempo da vorne! – Jaaa,
schön gemacht, Johann", lobte er den neuen
Friesen, der anstelle von Amadeus Mozart vorne
ging.

Als großer Musikliebhaber hatte Siegfried Herzog allen Pferden Namen von bekannten Kompo-
nisten gegeben. Gewöhnlich rief er sie beim Vor-
namen, doch wenn es etwas zu tadeln gab und
sein Ton energisch wurde, benutzte er den Nachnamen. Für Außenstehende hörte sich das
manchmal ziemlich merkwürdig an: „Wagner,
steh", oder: „Lortzing, du Lauser, sofort zurück
auf den Hufschlag!"

Jetzt hatte der Dresseur Frau Müller entdeckt.
Freudig überrascht nickte er ihr zu. Sie legte die
Hände trichterförmig vor den Mund: „Wo ist
Amadeus?"

Siegfried Herzog wiegte bedächtig den Kopf.
„Nach der Probe...", rief er verhalten herüber.

Ursula Müller spürte instinktiv, daß etwas nicht
stimmte. Auch wenn sie nicht zu den Artisten
gehörte, die seit Generationen zwischen Manege

und Wohnwagen lebten, hatte sie doch ein Gespür für feine Untertöne bekommen, als sie vier Jahre lang als Zirkuslehrerin mitgereist war. Jeden Morgen war sie in der Pause zum „Chapiteau", wie man das Zelt nannte, gegangen. Immer dann lief gerade die Friesenprobe, und im Laufe der Jahre hatte sie sich mit Amadeus Mozart, einem der Tetenpferde, richtig angefreundet.

Frau Müller war auf einem großen Bauernhof in Niedersachsen aufgewachsen und verstand etwas von Pferden. Schon bald hatte Zirkusdirektor Herzog ihr erlaubt, bei den Friesen mitzuhelfen. Am schönsten war das Schmücken für die Abendvorstellung gewesen, mit schneeweißen Federbüscheln und weißem Lederzeug. Das Kämmen der Schachbrettmuster auf der Kruppe hatte man ihr bald ganz übertragen – keiner kriegte die gekämmten Karos perfekter hin als sie.

All das ging Frau Müller jetzt durch den Kopf, während sie am Rand der Manege ungeduldig auf das Ende der Probe wartete. Der Boden bebte, als die Friesen im Galopp an ihr vorbeidonnerten; der Staub von Sägespänen senkte sich wie ein Schleier auf ihr Haar.

„Schön, Sie mal wieder zu sehen." Siegfried Herzog hatte zwei Pferdepflegern seine Friesen übergeben und streckte Ursula Müller die Hand hin. „Diesmal waren Sie aber lange nicht mehr hier, stimmt's?"

Ursula Müller nickte. „Ja – leider. Über ein Jahr. Es ging einfach nicht eher."

Seit sie vor acht Jahren wieder als „normale" Realschullehrerin nach Norddeutschland gezogen war, gehörten Zirkusbesuche in den Ferien zu ihrem Reiseprogramm.

Amadeus hatte sie immer gleich wiedererkannt. Als Ursula Müller jetzt mit dem Direktor zu den Ställen ging, wußte sie genau, daß Amadeus sie auch diesmal sofort mit seinem freundlichen, dunklen Kollern begrüßen würde. Seine Box war immer vorne links gewesen, direkt neben Richard Wagner.

„Warum war er denn heute nicht dabei?" erkundigte sich Ursula Müller besorgt beim Einbiegen in die Stallgasse.

Ihr Gesicht wurde kalkweiß, als sie vor der Box vorne links stehenblieb. Ein neues Namensschild hing an der Tür: „Johann Strauß".

„Ich erkläre Ihnen alles bei einer Tasse Tee",

murmelte Siegfried Herzog und zog Ursula Müller am Ärmel mit in Richtung Wohnwagenpark.

Genau vor einem Jahr war Amadeus beim Verladen ausgerutscht, erzählte ihr Direktor Herzog dann beim Tee. Das rechte Sprunggelenk war dabei so unglücklich verdreht worden, daß er monatelang nicht in der Nummer mitgehen konnte. Erst vor wenigen Wochen hatte der Tierarzt entschieden, daß Amadeus die Steigefiguren, bei denen die Friesen nur auf den Hinterbeinen stehen, nicht mehr ausführen durfte. Ansonsten war Amadeus kerngesund – nur die speziellen Figuren im Zirkus hätten ihn überfordert. Schweren Herzens hatte ihn der Zirkus verkauft. „In gute Hände", wie Herzog beteuerte. „Er ist in eine Reitschule gekommen, wo er nur für leichten Unterricht und vor einer Hochzeitskutsche eingesetzt wird. Und andere Friesen sind auch da."

Als Ursula Müller nachmittags mit ihrem Wagen wieder auf der Autobahn nach Hause unterwegs war, machte sie sich Vorwürfe, daß sie so lange nichts von sich hatte hören lassen. Aber woher hätte sie von Amadeus' Verletzung wissen sollen?

Ursula Müller biß sich auf die Lippen. Immer
hatte sie heimlich gehofft, Amadeus später einmal kaufen zu können. Sogar ein Sparkonto hatte
sie dafür schon angelegt. Hätte sie das doch bloß
ein einziges Mal erwähnt! Aber weil sie genau
wußte, daß im Circus Maximus ohne wichtigen
Grund kein Pferd weggegeben wurde, hatte sie
nie gefragt.

Und nun war ihr Freund Amadeus weg. Um
das Unglück vollkommen zu machen, war beim
Zirkus auch noch der Kaufvertrag verschwunden, so daß niemand wußte, wo Amadeus jetzt
geblieben war.

Mit einem Ruck richtete sich Frau Müller kerzengerade in ihrem Autositz auf und schimpfte
mit sich selber: „Sei nicht albern, Ursula", sagte
sie laut. „Es gibt Schlimmeres als ein verkauftes
Pferd." Doch dann dachte sie daran, was sie ihren
Schülern immer sagte: „Wenn man etwas unbedingt will, dann schafft man es auch. Man darf
sein Ziel niemals aus den Augen lassen!" Ursula
Müller atmete tief durch und nickte. Ja, sie wollte
die Suche nach Amadeus aufnehmen ...

Gut, daß Frau Müller Mathematik unterrich-
tete. So fiel es ihr nicht schwer, nach Plan vorzu-

gehen. Stundenlang notierte sie beim Hauptpost-
amt aus den Telefonbüchern der deutschen
Städte die Namen der Reitschulen und -ställe. Sie
ließ sich von den einzelnen Bundesländern
Listen der Ferienreitschulen schicken. Dann
begann sie mit den Anrufen. Doch nach einem
Monat war sie total frustriert. Bei jeder zweiten
Nummer meldete sich nie jemand, wahrscheinlich, weil der Besitzer gerade im Stall beschäftigt
war. Viele andere Reitschulen hatten schon wieder dichtgemacht. Fünfmal hatte sie zwar schon
Erfolg gehabt, wenn sie ihre Standardfrage
stellte: „Ich bin auf der Suche nach einem Friesenhengst, Amadeus. Er müßte von einem Zirkus
verkauft worden sein." Friesen standen inzwischen in vielen Reitställen; die freundlichen
Pferde waren regelrecht in Mode gekommen.
Doch am Telefon ließ es sich kaum klären, ob
Amadeus wohl dabeisein könnte.

Ursula Müller war am Wochenende zu allen
Ställen gefahren, die in Frage kamen. Einmal war
sie fast sicher gewesen, Amadeus gefunden zu
haben. Der Friese stand auf einer Weide bei Stuttgart. Er hatte den ungewöhnlich dichten Behang
an den Vorderbeinen, wie Amadeus ihn besaß.

Auch ein Stück Mähne am Widerrist war abge-
schubbert wie bei ihrem Friesen. Das Pferd trabte
los und kam übermütig prustend an den Zaun,
als Frau Müller auftauchte. Einen Augenblick
war sie unsicher; sie hatte Amadeus jetzt andert-
halb Jahre nicht gesehen. War er es? Doch als der
schöne Friese seinen Kopf hochreckte und die
Sonne ihm aufs Gesicht fiel, behielten seine
Augen dieses samtige dunkle Schwarzbraun, wie
es für die Friesen typisch ist.

„Bist du ein netter Bursche", sagte Frau Müller
und kraulte ihm die Mähne. „Schade, daß du
nicht der richtige bist."

Amadeus' Augen waren ungewöhnlich gewesen: Im Licht nahmen sie den matten, goldbrau-
nen Glanz von poliertem Bernstein an. Aber das
war nicht das einzige, was ihn von anderen Friesen unterschied. Wenn sie sich bückte, um seinen
linken Vorderhuf zum Säubern anzuheben,
stemmte Amadeus das Bein wie angewurzelt in
den Boden. Dann hob er sein anderes Vorderbein
an und schlenkerte es hin und her. Dabei legte er
den Kopf zur Seite, rieb seine Nase an ihrem
Rücken und zog ihr mit seiner weichen Unterlippe die Möhren aus der Hosentasche. Der schöne

Friese war eben durch und durch verspielt.

Wenn Herr Herzog das mitgekriegt hatte, hatte er geschimpft: „Gewöhnen Sie den Pferden keine Unarten an!"

Inzwischen hatte Frau Müller es aufgegeben, nach ihrer Telefonliste alle deutschen Reitställe anzurufen. Es kostete einfach zu viel Zeit.

Ab und zu warf sie einen Blick in ihr Sparbuch. Verrückte Welt! Die meisten Reiter träumten von einem Pferd und hatten kein Geld, um es zu kaufen. Und sie hatte sich das Geld zusammengespart – aber kein Pferd!

Manchmal dachte sie daran, den Friesen aus Stuttgart zu kaufen, der Amadeus so ähnlich sah und mit dem sie sich gleich gut verstanden hatte. Doch wäre das nicht wie ein Verrat an Amadeus gewesen?

An ihrem Geburtstag am 19. Dezember beschloß Frau Müller, die Suche endgültig aufzugeben. Sie wollte auch keinen anderen Friesen. Das Kapitel sollte endlich abgeschlossen werden.

Als sie morgens in ihre neunte Klasse kam, wunderte sie sich ein bißchen, daß die Mädchen keine Blumen aufs Pult gestellt hatten. Ihre Klasse hatte ihren Geburtstag eigentlich noch nie

vergessen. Als Frau Müller dann die große Wandtafel aufklappte, hielt sie fassungslos mitten in der Bewegung inne.

Ein Riesenfoto von Amadeus war an der Tafel befestigt, darüber hatten die Mädchen ein Papierschild geklebt: „Wir haben ihn gefunden!"

Und dann berichtete Katrin, wie alle fünfundzwanzig Schülerinnen monatelang nach Amadeus gefahndet hatten, nachdem Frau Müller ihnen die Geschichte des Friesen erzählt hatte.

„Sie wissen ja, Frau Müller", sagte Katrin und zwinkerte ihrer Lehrerin zu. „Wenn man etwas wirklich will, kriegt man es auch."

Als Frau Müller am späten Nachmittag in der Hamburger Reitschule ankam, sah sie schon von weitem die Friesen auf der Weide stehen.

Amadeus trabte durch den Sand des Paddocks sofort auf sie zu. Er reckte den Kopf hoch und begrüßte sie mit freundlichem Kollern, als sei sie nie weg gewesen, und seine Augen leuchteten wie polierter Bernstein. Als sie seinen linken Vorderfuß anheben wollte, stemmte er das Bein wie angewurzelt in den Sand des Paddocks. Übermütig schlenkerte er den rechten Fuß hin und her und stupste Ursula Müller mit der Nase an.

„Mozart", sagte sie mit gespielter Strenge, „wer hat dir denn diese Unart beigebracht?"

Aber das kriegte Amadeus schon gar nicht mehr mit, weil er damit beschäftigt war, ihr mit seiner Unterlippe die Möhren aus der Tasche zu ziehen.

Bleib noch etwas, Schimmi!

Schimmi hob den Kopf und sah sich aufmerksam um. Im Stall war es schön friedlich und ruhig. Seine Pferdekollegen zermalmten genüßlich ihre morgendliche Haferration. Die war größer als sonst ausgefallen, weil die Pferde wegen des schlechten Wetters seltener auf die Wiese konnten. In der Sattelkammer erspähte Schimmi ein paar Säcke Möhren; wahrscheinlich das zweite Frühstück. Die Stallwelt war in Ordnung. Ja,

seine Herde war gut in Schuß. Dieses Jahr würden sie im Stall seinen dreißigsten Geburtstag feiern; das wäre umgerechnet ein Menschenalter von mehr als hundert Jahren...

Schimmi fand, daß es an der Zeit war, Abschied zu nehmen. Sein Freund Baron, der neben ihm stand, würde einmal die Leitung seiner Herde übernehmen. Schimmi hatte Baron alles beigebracht, was er wissen mußte, damit ihm später keines von den Schulpferden auf der Nase herumtanzte.

Manchmal war Schimmi jetzt schon sehr müde. Dann lehnte er seinen Kopf an Barons Schulter. Der Fuchs rückte dann noch dichter an ihn heran, damit sein Freund sich bei ihm abstützen konnte.

Die beiden Pferde waren die einzigen, die in der Reitschule Rühmann in Ständern standen. Vor zwei Jahren war der ganze Stall umgebaut worden. Die alten Ständer waren durch schöne Boxen ersetzt worden.

Aber Schimmi hatte dieses Umzugstheater nicht mitgemacht! Fast dreißig Jahre lang war sein Platz unter dem fünften Fenster von vorne gewesen. Links neben der massiven Holzwand,

die er unbeirrt seit Jahrzehnten mit seinen Zähnen bearbeitete, aber nicht kleinkriegte. Rechts die dicke Gummimatte, die ihn von Barons Ständer trennte. Und dann plötzlich diese Einzelbox!

„Na, Schimmi, gefällt dir das?" hatten sie gefragt. „Endlich mehr Platz auf deine alten Tage!"

Nein, es gefiel ihm überhaupt nicht. Schimmi war richtig schwermütig geworden in seiner neuen Box. Wollte man ihn etwa abschieben? War er nichts mehr wert? Was sonst gab es für einen Grund, ihm seine gewohnte Umgebung zu nehmen?

Gut, daß Herr Rühmann ein Auge für seine Pferde hatte.

Eines Morgens kamen die Handwerker noch einmal, sägten und rumorten unter dem fünften Fenster von vorne, und abends nahm Herr Rühmann Schimmi am Halfter und führte ihn zurück an seine vertraute Holzwand. „Alte Bäume verpflanzt man nicht, was, Schimmi?" sagte er und klopfte ihm den Hals.

Manfred Rühmann wußte eben, wie man ein Pferd mit Charakter behandelt.

Irgendwie drehte sich im Stall immer alles um Schimmi, obwohl es mehr als zwanzig andere

Schulpferde gab, alle schöner und edler als er. Schimmi war nicht gerade das, was man sich unter einem schicken Reitpferd vorstellt. Sein Kopf war zu groß, seine Mähne fiel widerspenstig in verschiedene Richtungen, sein Fell hatte eigentlich gar keine richtige Farbe, am ehesten noch die von vergilbtem Herbstlaub. Papiere hatte er keine. Unwahrscheinlich, daß er ein reines Warmblutpferd war; es steckte wohl auch etwas Kaltblut drin.

Nein, Schimmi war kein Pferd, nach dem man sich umdrehte.

Jedenfalls nicht, wenn man neu in die Reitschule kam. Schon gar nicht für viele Eltern, die von der Tribüne zuguckten, wenn ihre Töchter die ersten Reitstunden bekamen. „Warum gibt er dir nicht den tollen Friesen?" drängten sie ihre Kinder. „Der sieht doch viel schicker aus als dieser Schimmi."

Wer neu war im Stall, verstand auch vieles andere rund um Schimmi nicht. Zum Beispiel seine Sonderstellung in Reitabteilungen. Wenn ein Pferd drängelte und überholte, gab es normalerweise sofort eine Ermahnung. „Paß bloß auf Inka auf!" – „Laß Flipper nicht nach innen lau-

fen!" – „Warum läßt du Musikant jetzt überholen?"

Wenn aber Schimmi ausbüxte und beim Abteilungsgalopp in die Mitte lief, um dort in Ruhe das Ende abzuwarten, hieß es nur nachsichtig: „Jaaaa, der Schimmi ..."

Weil der Braunschimmel inzwischen nicht mehr so viel arbeiten sollte, ließ ihn Herr Rühmann nur noch eine Stunde am Tag im Unterricht mitgehen.

Manchmal sagten einige der neuen Reiter, die nichts von Charakterpferden, aber viel von Bilanzen und vom Geldanhäufen verstanden, kopfschüttelnd: „Mit diesem Schimmi kann er doch nichts verdienen. Warum schafft er ihn nicht ab und kauft sich ein junges Pferd?"

Wenn die Mädchen, die schon seit Jahren im Stall halfen, so etwas mitbekamen, guckten sie sich nur vielsagend an. Gut, daß Schimmi solche Sprüche nicht verstand!

Niemand, der Schimmi kannte, wäre auf die Idee gekommen, ihn wegen seines Alters wegzugeben. Mit Schimmi war es wie mit einem Lieblingspullover. Seit Jahren liegt der Pulli ganz unten im Schrank, weil er eigentlich nicht mehr modern ist, ziemlich verwaschen, und anziehen

kann man ihn nur noch, wenn kein Besuch da ist. Genaugenommen gibt es gar keinen Grund, ihn zu behalten. Doch im Laufe der Jahre ist einem der Pullover so vertraut geworden wie eine zweite Haut. Wie ein Stück Zuhause, und es würde einem etwas fehlen, wäre er nicht mehr da.

Jeder hatte so seine Erinnerungen an Schimmi. Vor zwei Jahren hatten sie ihn im Stall sogar zum „Doktor" ernannt, weil er alles konnte. Wer zwischen dreizehn und vierzig Jahre alt war, hatte sein „Kleines Hufeisen" auf Schimmis Rücken bestanden.

Vorhandwendung? Kein Problem! Schimmi erkannte schon an der Stimme des Prüfers, was gefordert wurde. Saß ein unsicherer Kandidat im Sattel, drehte Schimmi nur kurz den Kopf zum Reiter, um ihm zu bedeuten: „Du da oben, rühr dich am besten gar nicht. Ich erledige die Kleinigkeit schon."

Bei A-Dressuren auf dem Zirkel angaloppieren? Schimmi machte das auf den Punkt, noch bevor der Reiter sein Gewicht verlagert hatte.

Und dann das Springen, Schimmis große Lei-

denschaft. Was für ein Ärger, daß sie ihn jetzt
nicht mehr ließen. Ob ihm der Chef die Sache
beim letzten Springturnier übelgenommen hatte?
Dann sollte er ihm aber schwarz auf weiß bewei-
sen, daß es verboten ist, nach dem letzten Hindernis über den Zaun zu springen und nach
Hause zu galoppieren! Schließlich war er mit
dem ganzen Parcours fertig gewesen; und zu
Hause war Fütterungszeit.

Menschen konnten ganz schön nachtragend
sein! Obwohl – war er das nicht auch manchmal?
Aber dann zu Recht, fand Schimmi. Wenn zum
Beispiel seine Karolin nach vier Wochen Sommerferien wieder in seinem Ständer auftauchte
und so tat, als sei nichts gewesen! Oh, dann ließ
er sie aber spüren, daß man das mit ihm nicht
machen konnte. Demonstrativ drehte er sich
weg, wenn Karolin versuchte, ihn mit ihrem
Süßholzgeraspel zu umschmeicheln. Da ließ er
sie glatt eine Woche schmoren, bevor er sich wieder zu einem gnädigen Kurzwiehern herabließ,
wenn sie in der Stallgasse auftauchte.

Schimmis Blick fiel jetzt mißbilligend auf
Barons linken Vorderhuf, mit dem der Fuchs im
Stroh scharrte, weil er sich von dem gerade

erschienenen Reitschüler einen Apfel erhoffte. Dieses Gebettel war einfach unwürdig für ein künftiges Leitpferd.

Er, Schimmi, hatte das nie gemacht. Seine Methode war erhabener, fand er. Knisterte irgendwo im Stall eine Tüte, richtete sich Schimmi kerzengerade auf und sah den Futterbesitzer streng an. Lange und durchdringend. Besaß der trotzdem die Dreistigkeit, mit Äpfeln, Möhren oder Brot an ihm vorbeizugehen, schickte er ein kurzes Räuspern nach, das sich wie ein Befehl anhörte. So verschaffte man sich Achtung als Leitpferd.

Draußen war inzwischen etwas blauer Himmel zu sehen.

„Laßt sie jetzt doch auf die Weide", rief Herr Rühmann den Mädchen zu.

Die Pferde waren kaum zu halten, stürmten wie junge Fohlen auf die Wiese. Voller Übermut jagten sie sich gegenseitig über die Gräben, bukkelten und bockten, um die Stallsteife aus den Knochen zu vertreiben.

Schimmi trabte am Rand der Wiese mit und behielt seine Herde genau im Auge. Das konnte

ja wohl nicht wahr sein! Da ließ sich Baron doch
glatt von diesem frechen kleinen Traber in den
Hals beißen und rächte sich nicht einmal dafür!

Nein, es war wohl doch noch zu früh, um
Abschied zu nehmen. Er mußte seinem Freund
Baron noch einiges beibringen. Seufzend ließ
sich Schimmi in den Sand fallen. Gerade als er
sich ausgiebig von einer Seite auf die andere
wälzte, hörte Schimmi die Stimme des Chefs am
Zaun: „. . . wenn er sich nicht mehr wälzen kann,
wäre es Quälerei, ihn noch zu behalten."

Da drehte Schimmi gleich noch eine Zusatz-
runde im Sand, und Herr Rühmann schwor hinterher, er hätte ihm dabei zugezwinkert.

Komm nach Hause, Cindy!

Wie gebannt starrte Mona auf die kleine Anzeige in der Rubrik „Pferdemarkt": *Zu verkaufen: Holländisches Warmblut, Stute, braun, springfreudig, geländesicher, Telefon 6 03 72 66.*

Mona ließ die Zeitungsseite sinken. Cindy! Konnte das Cindy sein?

Vor zwei Jahren war ihre Stute verkauft worden. Alle im Verein hatten Mona dazu gedrängt. Cindy wäre zwar super, hatten sie gesagt, aber

für mehr Leistung bräuchte Mona ein noch besseres Springpferd. Mona hatte sich damals sehr unwohl gefühlt und Rat bei dem netten Stallmeister Dieter gesucht.

„Du mußt dich entscheiden", hatte er gemeint, „ob Cindy deine treue Freundin ist, mit der du durch dick und dünn gehst, auch wenn irgendwann Schluß mit dem Weiterkommen ist. Oder ob Leistung für dich mehr zählt."

Doch bevor Mona sich alles richtig überlegen konnte, hatten die Leute im Verein ihre Eltern zum Verkauf von Cindy überredet.

Jetzt hatte Mona eine Reitbeteiligung an einem wertvollen, teuren Springpferd.

Kurz entschlossen steckte Mona die Zeitung ein und fuhr damit in den Stall. Gespannt hielt sie Dieter den Anzeigentext unter die Nase. Bedächtig wiegte er den Kopf: „Braune Stuten, die springen können, gibt es viele…"

Empört nahm Mona ihm die Zeitung wieder weg. „Aber nicht als Holländisches Warmblut!"

Dieter fragte mit bissigem Unterton: „Warum interessiert dich das überhaupt? Du hast dich doch damals gegen Cindy entschieden!"

Mona ließ sich auf einen Strohballen fallen und

stützte ihr Gesicht in die Hände. „Das habe ich
schon oft genug bereut", murmelte sie.

Dieter tat es leid, daß er so schroff gewesen
war. Schließlich war Mona erst zwölf gewesen,
als man von ihr die Entscheidung verlangt hatte.

Doch Mona hatte sich schon wieder zusam-
mengerissen. „Meinst du, daß mit Cindy alles
wieder so werden könnte wie früher, wenn ich
sie zurückkaufen würde?" überlegte sie. „Der
Kaufpreis liegt ja noch auf meinem Sparbuch!"

Dieter zuckte mit den Achseln. „Man bekommt
nur selten eine zweite Chance", sagte er ernst.

„Aber wenn...?" drängte Mona. Sie wartete eine
Antwort erst gar nicht ab. Für sie war die Sache
jetzt klar. Noch aus der Telefonzelle an der Reithalle wählte sie die Nummer an.

Enttäuscht legte Mona nach zwei Minuten auf –
die Stute aus der Anzeige war nicht Cindy! Mit
hängendem Kopf ging sie zu Dieter zurück.

„Wenn du wirklich noch an Cindy hängst", riet
Dieter, „dann fahr in den Stall, in dem sie jetzt
steht. Geht es ihr dort gut, kannst du zufrieden
sein, daß sie ein neues Heim gefunden hat."

„Und wenn nicht?"

„Tja – das kannst nur du alleine entscheiden."

Nach Dieters langgezogener Antwort schwiegen beide.

„Sie wird sich verändert haben", meinte Dieter nach einer Weile. „Cindy ist zusammen mit dir groß geworden. Daß sie von dir getrennt worden ist, hat ihr bestimmt zu schaffen gemacht."

„Wie denn?" wollte Mona wissen.

Dieter überlegte einen Moment, wie er es am besten ausdrücken konnte.

„Ihre Seele", sagte er schließlich, „wird blaue Flecken haben."

Mona sprang auf und sagte entschlossen: „Ich fahre jetzt hin."

Doch im nächsten Augenblick schaute sie wieder skeptisch: „Wie soll ich in zwei Stunden sehen, ob Cindy es gut hat?"

„Das kannst du in zwanzig Minuten erkennen", meinte Dieter. „Guck dich um im Stall. Sei aufmerksam wie ein Kriminalbeamter. Jede Kleinigkeit wird dir etwas sagen. Ihr Halfter spricht zu dir, ihr Sattel, die Box – einfach alles."

Hätte Mona heute morgen jemand gesagt, daß sie nachmittags unterwegs zu Cindy sein würde, hätte sie ihn für verrückt erklärt. Aber jetzt saß

sie tatsächlich im Bus. Mona schloß die Augen und sah wieder Cindy vor sich. Ihre wachen, klugen Augen, den weißen Stern auf der Stirn, nicht zu vergessen die „Schlabberlippe", Cindys Markenzeichen. Dieser freudige Ausdruck im Gesicht, wenn sie über die Hindernisse sprang. Und ihr Vergnügen, beim Ausritt jede junge Birke anzuknabbern, die ihr in die Quere kam.

Mona holte tief Luft, bevor sie die Tür zu dem fremden Stall öffnete. Gut, daß es eine große Anlage war, so fiel sie hoffentlich niemandem auf!

Aufmerksam ging Mona die Stallgasse entlang. An den Boxentüren hingen Stalltafeln mit eingravierten Namen. Einige Türen standen offen.

Da war Cindys Box! Auch hier hing eine Tafel an der Holzwand. Mit Kreide war „Cindy" daraufgeschrieben. Leicht verwischt bereits und undeutlich. Nachlässig und schnell hingekritzelt.

Über beiden Zwischenwänden zu den Nachbarboxen waren Gitter befestigt worden. „Cindy stieg so gerne in der Box", schienen die Gitter zu sagen, „aber den Spaß hat man ihr durch die Stäbe schnell abgewöhnt."

Mona schaute vorsichtig nach rechts und links

und huschte dann rasch in Cindys leere Box.

Cindys Stallhalfter lag im Futtertrog. Es sah ungepflegt aus und war wohl noch nie gefettet worden. „Das harte Leder scheuert an ihrem empfindlichen Genick", sagte das Halfter.

Reste von Hafer und Pellets waren im Trog festgetrocknet. „Wo Cindy doch in puncto Sauberkeit so empfindlich ist", dachte Mona empört.

Mona ging nach draußen. Ein paar Reiter waren gerade unterwegs zum Parcours. Mona mußte nicht lange suchen – kaum fünfzig Meter vor sich sah sie Cindys weiße Hinterhandfesseln.

Cindy trug den Schweif hoch und drückte den Rücken weg. „Ihr Reiter hält sie vorne zu fest", sagte der verspannte Rücken.

In der Birkenallee wurde Cindys Kopf barsch zur Seite gezerrt. „Der Reiter duldet nicht, daß sie an den Zweigen knabbert", sagte der herumgerissene Kopf.

Mona folgte Cindy bis zum Springplatz. Was sie bis jetzt gesehen hatte, machte ihr das Herz schwer. Vielleicht gab es wenigstens beim Springen einen Lichtblick!

Sie kauerte sich hinter einen Geländesprung, der mit Birkengrün besteckt war. Von hier aus

konnte sie gut beobachten, wie Cindy geritten wurde.

Eine Runde Schritt, eine Runde Trab, und schon ging es auf die Hindernisse los. Monas Gesicht glühte vor Wut. Und das mit Cindy, die doch fast eine halbe Stunde zum Lösen brauchte! Das konnte nicht gutgehen!

Ein falscher Absprung – und der Reiter landete mitsamt den Stangen im Sand. Reiterlos und offensichtlich erleichtert trabte Cindy jetzt ihre Runden um den Springplatz. Jedesmal, wenn ihr Besitzer auf einen Schritt herangekommen war, machte sie einen Satz zur Seite und trabte weiter.

Mona hatte sich inzwischen aufgerichtet und setzte sich auf den Geländesprung. Natürlich reizte es sie, Cindy einzufangen, aber das durfte sie nicht tun.

Die Stute kam immer näher. Etwas unschlüssig blieb Cindy schließlich zwei Meter von Mona entfernt stehen. Das Reithalfter war aus dem Lot geraten und der Sattel verrutscht.

Das Pferd schien gleichgültig in die Ferne zu schauen. Eine Minute lang, zwei Minuten lang. Dann endlich sah Cindy Mona an. Jeder andere hätte ihren Blick für teilnahmslos gehalten. Aber

Mona entdeckte ganz hinten, in einem versteck-
ten Winkel, einen Funken Hoffnung aufkeimen.

Mona knickte einen Birkenzweig vom Geländesprung ab und hielt ihn Cindy hin. Cindys
Unterlippe zitterte. Genau wie früher, wenn sie
sich aufregte. Der Hoffnungsschimmer in ihren
Augen wurde stärker, aber die Stute zögerte. Aus
Angst, sie hätte sich geirrt, aus Furcht vielleicht
auch, daß Pferdeträume meistens nicht wahr
werden.

„Laß endlich mein Pferd los", hörte Mona wenig
später eine Stimme. Leicht gereizt, die Arme in
die Hüfte gestemmt, stand Cindys Reiter vor ihr.
Und als Mona keine Anstalten machte, den Zügel
loszulassen, fügte er ärgerlich hinzu: „Kann ich
endlich meine Stute wiederhaben?"

Mona starrte den Mann an. Ihre Gedanken
überschlugen sich. Ihre Erfolge – die Siege – die
Pokale. Mit Cindy könnte sie das nicht erreichen.
Aber war das wirklich wichtig? „Man bekommt
nur selten eine zweite Chance…" Dieters Worte
klangen ihr wieder im Ohr.

„Nein!" sagte Mona dann entschlossen und faßte
Cindys Zügel fester. „Nein, Cindy kommt wieder
mit nach Hause."

Weihnachten im Stall

Im Stall hatten alle Respekt vor ihm. Aber gleichzeitig war er den Mädchen ein bißchen unheimlich.

Gut, sie hatten nichts von ihm zu befürchten;
er war ein Reiter wie jeder andere in der Reitschule Hinrichsen. Trotzdem sprachen alle
unwillkürlich leiser, wenn sein grauer Kittel in
der Stallgasse auftauchte.

„Eberhard Ruprecht ist eben noch einer vom

alten Schlag", pflegte Reitlehrer Hinrichsen zu sagen. „Er saß schon auf dem Pferd, bevor er laufen konnte." Und das war immerhin schon über 60 Jahre her.

Obwohl Herr Ruprecht die Mädchen mit seinem Auftreten etwas verunsicherte, bewunderten sie ihn auch heimlich, weil er sogar mit der sensiblen Stute Gerda fertig wurde. Bei ihm kürzte Gerda nie die Ecken der Reithalle ab, und sie traute sich auch nicht, in der Mitte herumzutrödeln, was sie bei den Mädchen gerne machte.

Jeden Morgen Punkt sieben Uhr und jeden Nachmittag Punkt siebzehn Uhr stand Herr Ruprecht in seinem grauen Arbeitskittel in der Box der Schimmelstute. Keine Sekunde eher, keine Sekunde später. Striegeln, putzen, Hufe auskratzen – das ging alles zack, zack.

Ohne schwerwiegenden Grund redete Herr Ruprecht nicht. Wenn er mit Gerda sprach, dann nur kurz und knapp: „Steh still!" – „Hör auf!" – „Komm runter mit dem Kopf!"

Ab und zu stand er mit verschränkten Armen im Stall und beobachtete stirnrunzelnd, wie die Mädchen mit ihren Lieblingspferden schmusten.

„Was soll das", knurrte er dann, „dieses Ver-
menschlichen der Pferde! Fehlt nur noch, daß ihr
sie zu Hause aufs Sofa setzt."

Und wenn er dann noch seinen Lieblingssatz
anbrachte: „Ein Pferd braucht eine strenge
Führung", dann flüsterten sich die Mädchen zu:
„Ruprecht – der Name paßt zu ihm."

Eines Tages im Herbst brachte Herr Ruprecht
seine Enkelin mit. Janina sollte Reitstunden auf
dem kleinen Reitschulpony bekommen.

Für ihre acht Jahre war sie ganz schön mutig.
Nicht mal vor Gerda hatte sie Angst, obwohl die
Stute die Ohren flach anlegte, als Janina sie strei-
cheln wollte.

„Bleib weg von Gerda", warnte Herr Ruprecht,
„die ist nicht ohne."

Doch unbeirrt tätschelte Janina Gerdas Nasenrücken.

„Komm, Gerda", lockte sie, „du bist doch Opas
beste Freundin; dann kannst du doch auch meine
sein, oder?"

Die Mädchen im Stall drehten sich kichernd
zur Seite. „Opas beste Freundin." Na, das war ja
was für Herrn Ruprecht!

Unwillig zog Herr Ruprecht Janina von Gerda weg.

„Gewöhn dir das gar nicht erst an, so mit Tieren zu sprechen", sagte er energisch. „Die Stute ist mein Reitpferd, sonst nichts."

„Aber Opa", hörten die Mädchen noch Janinas vorwurfsvolle Stimme, „du reitest sie doch jeden Morgen, und da dachte ich ..."

Dann waren die beiden in Richtung Parkplatz verschwunden.

Weihnachten stand vor der Tür. Janina saß nach ihren ersten zwanzig Reitstunden schon ganz anständig im Sattel. Herr Ruprecht sah gleich, daß seine Enkelin Talent hatte.

Zu Weihnachten wollte er ihr die erste richtige Reithose mit Lederbesatz unter den Tannenbaum legen. Bis jetzt war sie in Jeans geritten, aber er wußte genau, daß sie sich nichts sehnlicher wünschte als „echte Reitsachen". Janinas Eltern konnten im Moment für so etwas kein Geld ausgeben. Sie hatten gerade ein Haus gebaut und mußten deswegen ziemlich sparen.

„Jeder darf seinen größten Wunsch auf den Weihnachts-Wunschzettel schreiben", verkün-

dete Herr Ruprecht seinen Enkeln. Er hatte insgesamt drei, und natürlich wollte er, gerecht wie er nun einmal war, jedes Kind gleich gut beschenken.

Auf Annettes Zettel stand „Rollerskates in Pink-Lila", David wünschte sich „Computer-Weltraumspiele". Janinas Wunschzettel mußte er eigentlich gar nicht aufmachen; den Inhalt kannte er ja sowieso, dachte Herr Ruprecht schmunzelnd. Trotzdem entfaltete er das Stück Papier.

„Wunschzettel", stand in ungelenker Kinderschrift oben auf der Seite, und darunter „Ein Sack Möhren für Gerda". Sonst nichts.

„Was soll das?" Am nächsten Tag, als Eberhard Ruprecht seine Enkelin zur Reitstunde fuhr, hielt er ihr den Wunschzettel unter die Nase. „Ich dachte, du willst unbedingt eine Reithose haben? Was soll das mit den Möhren? Das Pferd wird im Stall ausreichend versorgt..."

Janina rutschte auf ihrem Sitz hin und her. „Ja schoooon", sagte sie gedehnt, „aber ich dachte, weil doch Weihnachten ist, und wir kriegen ja auch Geschenke."

„Unsinn", sagte Herr Ruprecht mit fester

Stimme. „Pferde wissen nichts von Feiertagen. Ist ja nett gemeint von dir, aber ich glaube, wir lassen es bei der Reithose."

Janina druckste herum, dann sagte sie leise: „Weißt du, Opa, die anderen Mädchen im Stall meinen, du magst Gerda gar nicht so gerne leiden. Und ich habe ihnen gesagt: ‚Doch, mein Opa bringt ihr ja zu Weihnachten sogar Möhren.' Und das wollten sie nicht glauben. Darum brauche ich den Sack mit Möhren unbedingt, verstehst du?"

Herr Ruprecht starrte angestrengt durch die Windschutzscheibe seines Autos, von der die Scheibenwischer die ersten Schneeflocken wegwischten. Er grübelte über eine Antwort nach, aber es fiel ihm keine ein.

Heiligabend. Mit glänzenden Augen saßen die Kinder vor ihren bunten Tellern, um sich herum Berge von glitzerndem Papier und Spielsachen. Inzwischen hatte jeder seine Geschenke ausgepackt. Auch Janina. Der Sack Möhren war nicht dabeigewesen. Sie ging noch einmal scheinbar unauffällig durch das ganze Zimmer, spähte unter den Tannenbaum, hinter die große Krippe – nichts. Sie schluckte, sagte aber nichts.

„Komm mal mit." Eberhard Ruprecht klopfte seiner Enkelin auf die Schulter und deutete mit dem Kopf zur Haustür. Schweigend ging er mit ihr zu seinem Auto.

„Frohe Weihnachten, Janina", sagte er, als er die Wagentür öffnete.

Janina riß die Augen weit auf. So etwas hatte sie noch nie gesehen! Das Auto war bis zur Decke vollgestapelt mit Möhrensäcken!

Eberhard Ruprecht zeigte auf die Möhren. „Fünfzehn Säcke", sagte er nicht ohne Stolz, „für jedes Schulpferd einen Sack."

Endlich hatte Janina ihre Sprache wiedergefunden. „Mann, Opa", jubelte sie und fiel ihm um den Hals, „komm, wir fahren sofort in den Stall."

Herr Ruprecht zögerte. Wenn nun jemand da wäre! Das war zwar unwahrscheinlich, aber wenn…

Doch Janina ließ ihm gar keine Wahl. Sie hatte sich schon auf ein winziges Stück Sitz gequetscht, das noch frei von Möhren war.

„Komm, Opa", drängte sie. „Ich kann das Kleid doch anbehalten?" fragte sie etwas unsicher und sah an sich hinunter. Sie hatte für die Bescherung extra ihr schönes Engelskleid angezogen, das

ihre Mutter ihr für eine Schulaufführung genäht hatte.

Seufzend stieg Herr Ruprecht in den Wagen. „Knecht Ruprecht mit Engel und Möhrensäcken unterwegs", dachte er. „Ich weiß nicht, was ich tue, wenn mich im Stall einer sieht."

Doch es war niemand da, als sie die schweren Säcke ausluden und in den Stall schleiften.

Die fünfzehn Schulpferde reckten die Köpfe hoch. Zu so ungewohnter Stunde jemand in der Stallgasse? Ungeduldig scharrten sie mit den Hufen, als sie die Möhren gesichtet hatten. Natürlich konnte es ihnen gar nicht schnell genug gehen mit der Bescherung.

„Los, Opa!" feuerte Janina Herrn Ruprecht an. „Schnell, der Gustav schlägt schon mit den Hufen gegen seine Boxentür, weil er es nicht abwarten kann."

Mit vereinten Kräften schleppten sie die Säcke durch die Stallgasse, liefen im Eiltempo von Box zu Box, um alle Pferde möglichst gleichzeitig zu versorgen.

Einen Augenblick richtete Eberhard Ruprecht sich auf, um den schmerzenden Rücken zu strecken. Er sah Janina mit glühendem Gesicht

hin und her laufen, dabei stolperte sie immer wieder über ihr langes Engelskleid. Ihre dunklen Augen leuchteten, wenn eines der Pferde sie zwischen zwei Möhrenbissen mit der Nase anstupste.

„Sie sagen danke, Opa", rief sie ihm glücklich zu.

Langsam öffnete Herr Ruprecht Gerdas Boxentür. Freundlich klopfte er seiner Stute den Hals, als er ihr die Möhren in den Futtertrog schüttete. Gerda legte den Kopf zur Seite und musterte ihn ein paar Sekunden. Dann kam sie näher und rieb ihre Backe ganz kurz an seiner Schulter.

„Frohe Weihnachten, Gerda", sagte Herr Ruprecht laut. Er wußte plötzlich, daß er dieses Jahr sein bestes Weihnachtsgeschenk seit langem gemacht hatte.

„Hast du was gesagt, Opa?" rief Janina aus einer Box am Ende des Stalls.

„Nix", murmelte Herr Ruprecht, „mit wem sollte ich hier wohl sprechen?"

Als Reitlehrer Hinrichsen, der wegen der ungewohnten Geräusche aus seiner Wohnung nebenan herübergekommen war, leise die Tür

zur Stallgasse öffnete, sah er ein Bild, das für ihn diesen Heiligabend unvergeßlich machte.

Eine kleine weiche Kinderhand schob sich verstohlen in die rauhe Reiterhand von Eberhard Ruprecht.

„Ich hab' den besten Opa der Welt", strahlte Janina ihren Großvater an. „Das war der schönste Heiligabend in meinem ganzen Leben."

„Dummes Zeug", brummelte Herr Ruprecht, „die Möhren wären ja verschimmelt, wenn wir bis nach Weihnachten gewartet hätten..." Er kramte in seiner Jackentasche. „Wird Zeit, daß wir ins Warme kommen. Ich glaube, ich habe mir schon eine Erkältung geholt." Als er sein Taschentuch endlich gefunden hatte, merkte Janina in ihrer Freude überhaupt nicht, daß ihr Opa gar keinen Schnupfen hatte...

Nur Gerda, die kluge Stute, hob kurz ihren Kopf vom Möhrentrog und dachte sich ihren Teil.

Hermann, der heimliche Held

Hermann richtete sich zu seiner ganzen imposanten Größe auf. Als der Tierarzt sein Hörrohr aus der Tasche angelte und damit die Lunge des braunen Wallachs abhorchte, bildeten sich tiefe Sorgenfalten über Hermanns Augen.

Dieses Gefühl, das Aufsetzen des kalten, runden Metallstücks auf seinem Fell, kannte er von früher. Damals hatte er gehustet wie heute. Im-

mer, wenn so ein unbekannter Mann, der nach
fremden Pferden roch, an ihm herumtastete, ver-
hieß das nichts Gutes. Danach war er meistens
von seinen Pferdefreunden getrennt worden.

Hermann guckte angestrengt, als könne er
durch volle Konzentration das Untersuchungs-
ergebnis beeinflussen. Nicht mal die Möhren, die
Kathi ihm zur Beruhigung hinhielt, nahm er zur
Kenntnis.

„Na?" Der Stallbesitzer wartete ebenso unruhig
wie Hermann auf das Ergebnis. Jetzt kam es
drauf an. Hermann drehte sein rechtes Ohr ganz
nach außen, um die Reaktionen des Chefs genau
einzufangen. Oh, der stattliche Ostfriese hatte
feine Ohren – wie alle Pferde! Ihm konnte man
nichts vormachen. Wenn der Chef tief durch-
atmete, hörte er genau, ob das erleichtert klang
oder sorgenvoll.

Der Tierarzt steckte das Stethoskop wieder ein
und sagte schulterzuckend: „Nee, ist nichts. Hört
sich ganz gut an. Wohl nur eine Erkältung. Mit
ein bißchen Hustenpulver müßte das eigentlich
wieder was werden."

Der Chef atmete auf. Hermann auch.

Endlich verschwand der Tierarzt wieder. Nicht,

daß er ihn nicht mochte, aber er brachte Unruhe
in den Stall. Und Unruhe war etwas, was Hermann überhaupt nicht vertrug. Er war ängstlich,
und seine vorherigen Besitzer hatten ihn deswegen immer ausgelacht.

„So ein Kerl wie du", hatten sie gespottet, „der
so viel Kraft hat, der müßte doch ein richtiger
Draufgänger sein!"

Aber Hermann, der rein äußerlich so kräftig
und mutig aussah wie ein Teufelskerl, hatte eine
sensible Seele. Sein empfindsames Gemüt hätte
viel besser zu einer kleinen verschmusten Stute
gepaßt. Doch er war nun mal dieser große Ost-
friesenwallach geworden – und damit mußte er
irgendwie zurechtkommen.

Hermann hätte auch ganz gut damit leben können, doch die Menschen offensichtlich nicht.
Seine ersten Besitzer hatten ihn schon bald wieder verkauft, weil er ihnen nicht mutig genug
gewesen war. Bei seinem zweiten Besitzer hatte
er erst gar keine Chance gehabt, heimisch zu
werden. Zweimal hatte Hermann sich mit Grippe
angesteckt und mußte wochenlang allein stehen.
Dabei war doch gerade er einer, der sich nur mit
einem Pferdekumpel in der Nähe sicher fühlte!

Jetzt, in seinem neuen Zuhause, einer großen Reitschule, durfte er endlich mit anderen Pferden auf die Weide. Das war einerseits herrlich, andererseits traute er sich niemals nahe an die anderen Pferde heran. Dabei waren sie alle kleiner als er. Mit seinen Bärenkräften hätte Hermann mühelos jedes von ihnen besiegen können. Aber um einen Platz in der Herde zu kämpfen, wäre ihm niemals in den Sinn gekommen. Nur an die kleine fröhliche Ponystute Beiris wagte er sich etwas näher heran.

Daß Hermann zartbesaitet war, merkten natürlich auch die Reiter der Reitschule schnell. Die meisten gingen darum besonders nett und sanft mit ihm um. Aber einige, die sich selber ganz toll vorkamen, sagten „Feigling" und „Angsthase" zu ihm, wenn der Chef nicht in der Nähe war.

Auch wenn Hermann die Worte nicht verstand, er hörte am Tonfall der Reiter, daß sie ihn verachteten. Das waren genau die Typen, die ihm später beim Reiten im Maul herumzerrten. Wenn die zu ihm hereinkamen, nahm er gleich den Kopf hoch, damit sie mit der Trense gar keine Chance hatten. Dann lief nichts mehr. Rein gar nichts. Erst wenn seine zweibeinige Freundin

Kathi auftauchte, ließ er sich wieder beruhigen.

Auf Kathi konnte er sich verlassen, das hatte er schnell herausgefunden. Sie nahm ihn so, wie er war, und verlangte nicht von ihm, ein Held zu sein. Wenn der Schmied kam oder dieser fürchterliche Trecker mit Stroh heranratterte oder die Motorsäge angesetzt wurde, ging Kathi mit ihm auf die Weide, damit er sich nicht aufregen mußte.

Daran dachte Hermann jetzt, als er aus dem Augenwinkel beobachtete, wie seine kleine Ponyfreundin mutterseelenallein über die Stallgasse spazierte. Das machte Beiris oft in der Mittagspause. Für sie war es keine Schwierigkeit, den Karabinerhaken zu öffnen, mit dem sie festgebunden war. Für keines der Pferde war es kompliziert, den Haken zu lösen. Man mußte nur das dicke Metallende fest genug gegen den Futtertrog drücken. Zwei, drei kurze Drehbewegungen, und das Ding war offen. Daß nicht alle Pferde es jeden Mittag so machten, war der reine Anstand dem Chef gegenüber.

Über Hermanns Augen bildeten sich wieder Sorgenfalten. Was sollte das werden mit der Ponystute? Irgend jemand hatte die Stalltür offen-

gelassen, und Beiris marschierte zielstrebig nach draußen. Hermanns Wiehern erwiderte sie noch ein paarmal – jedesmal schien die Entfernung zu ihm größer. Würde ihn jetzt sein einziger Pferdefreund verlassen?

Hermann zögerte nicht lange, seinen Haken ebenfalls aufzuknacken.

Als er über den schmalen Sandweg zur Weide trabte, verschwendete er keinen Gedanken daran, daß er sich beim gestrigen Ausritt noch geweigert hatte, diesen unbekannten Pfad zu gehen.

Der Weg wollte gar kein Ende nehmen, und keine Spur von Beiris. Hermann trabte durch Birkenalleen, vorbei an Rinderweiden und Getreidesilos. Erst ging alles gut. Doch dann tauchte am Ackerrand ein Ungetüm auf; Hermanns Herz raste zum Zerspringen. Er mußte allen Mut zusammennehmen, um an der verrosteten Walze vorbeizustürmen. An der nächsten Ecke erschrak er fast zu Tode vor einem Stapel Traktorenreifen, die ihn unheimlich dunkel anstarrten. In gestrecktem Galopp raste er weiter, meisterte auch die Stelle mit der knisternden, blauen Plastikfolie, sprang am Bach beherzt über einen umge-

stürzten Baumstamm – und entdeckte Beiris endlich an einem Verkehrsschild. Genau da, wo die
große Bundesstraße anfing!

Beiris zitterte vor Furcht, als ein Lastwagen
nach dem anderen an ihr vorbeiraste. Ihr Fell
war bedeckt mit kaltem Angstschweiß. Noch nie
war sie so froh gewesen, diesen neuen Ostfrie-
sen, diesen Hermann, zu sehen. Das war schon
ein richtiger Teufelskerl, daß er sie gefunden
hatte!

Zusammen trabte das ungleiche Paar in aller
Ruhe zurück zum Stall. Als sie dort ankamen, war
immer noch Mittagspause und kein Mensch zu
sehen.

Hermann bekam kein Bundesverdienstkreuz für
seinen Mut, keine Sonderseite in der Zeitung,
noch nicht mal eine Extraportion Möhren. Um
ehrlich zu sein: Es hatte überhaupt niemand
bemerkt, was Hermann mittags zwischen eins
und drei geleistet hatte. Keiner der Reiter, die
„Angsthase" oder „Feigling" zu ihm sagten,
würde es je erfahren.

Aber was machte das schon – jetzt, wo Hermann wußte, daß er das Zeug zum Helden hatte?

Hoffnung für Pünktchen?

Kerstin hatte Lampenfieber. Heute wollte sie mit Pünktchen zum ersten Mal eine neue Nummer vorführen. Bei der Generalprobe hatte es toll geklappt – aber jetzt, wo die Tribüne rund um die Manege mit aufgeregten Kindern und deren Eltern besetzt war?

Vorsichtig schob das zwölfjährige blonde Mädchen ein Stück des Vorhangs beiseite, um einen Blick auf die Zuschauertribüne zu er-

haschen. Na ja, voll war es wenigstens.

Sie hatten einen guten Standplatz mitten in Belm bekommen, einer schönen Gemeinde am Stadtrand von Osnabrück. Das war wichtig für den winzigen Zirkus von Kerstins Eltern. Sie brauchten wirklich jede Mark Eintrittsgeld, um über die Runden zu kommen.

Kerstin ging hinüber zum Stallzelt, um Pünktchen zu holen. Der große, weiße Knabstrupperhengst mit den Hunderten von schwarzen Punkten, die so typisch für diese Rasse sind, war der Star in der Manege. Er sah genauso aus wie das Pferd von Pippi Langstrumpf. Klar, daß die Kinder ganz verrückt nach ihm waren!

Weil Pünktchen in so vielen Nummern auftrat, brauchte er natürlich besonders viel Futter. Und der Hafer war dieses Jahr schon wieder teurer geworden, dachte Kerstin besorgt. Zirkuskinder lernen früh, mit dem Pfennig zu rechnen.

Jetzt war es soweit.

„Und nun", verkündete Kerstins Vater gerade in der Manege, „sehen Sie etwas Unglaubliches, etwas Unvorstellbares. Das erste Pferd in Belm und ganz Niedersachsen, das rechnen kann." Dann hielt er das Mikrofon zu und flüsterte den

Kindern im Verschwörerton zu: „Ich leihe es euch
gern für eure nächste Klassenarbeit aus ..."

Großes Gelächter. Für Kerstin das Zeichen zu
erscheinen.

„Ohhhh, ist der süüüüß!"

Kerstin mußte grinsen. Sie konnte schon Wetten abschließen, daß dieser Satz immer kam,
wenn die Kinder ihr Pferd das erste Mal sahen.

„Ruhig, Pünktchen", raunte sie dem Pferd zu.
„Ich weiß, daß du es kannst."

„Nennt irgendeine Rechenaufgabe, bei der eine
Zahl von eins bis zehn herauskommt", rief Kerstins Vater in die Zuschauertribüne.

„Zwei und drei", kam es mit piepsiger Stimme
zurück.

„Na, Pünktchen, wieviel ist das?" Kerstins Vater
ging zur Seite.

Kerstin hob ihren Arm und zählte laut mit.
Pünktchen senkte den Kopf und scharrte mit dem
rechten Vorderhuf in den Sägespänen.

„Eins, zwei, drei, vier ..." Der Hengst setzte sein
Bein ab. Das war auch so geplant.

„Na, Pünktchen?" Kerstin hob ihre Hand. Pünktchen schnaubte leise und scharrte noch einmal.

„Fünf. Richtig!"

Riesenapplaus. Kerstin atmete auf. „Schlauer Hans" nennt man diese Nummer beim Zirkus. Es hatte lange gedauert, bis Pünktchen begriffen hatte, daß er immer, wenn Kerstin die Hand leicht anhob, einmal mit dem Huf scharren sollte. Aber als er heute auch alle anderen Rechenaufgaben richtig gelöst hatte, war Kerstin sicher: Das hatte er für immer und ewig begriffen.

Der Applaus gefiel Pünktchen ausgesprochen gut. Man merkte richtig, wie er sich stolz ins Zeug legte, um das Klatschen immer wieder zu hören. Dann grummelte er voller Zufriedenheit vor sich hin. Knabstrupper sind eben richtige Zirkuspferde, nicht nur weil sie so schön bunt aussehen. Auch weil sie die Zuschauerkulisse offensichtlich genießen und mit ihrer stolzen Trabaktion für alle schönen Vorführungen in der Manege geeignet sind.

Auch bei Kerstins schwierigster Nummer – Spitzentanz auf seinem Rücken – blieb Pünktchen völlig ruhig und galoppierte ungestört rund um die Manege.

Selbst wenn die Zwillinge Anne und Carola gemeinsam auf seinem Rücken akrobatische Turnübungen zeigten, ließ der Hengst sich nicht

aus der Ruhe bringen. Anne würde später einmal eine berühmte Olympiasiegerin werden – aber das konnte heute natürlich noch niemand ahnen. Schon gar nicht Pünktchen, dem es auch ganz egal war.

Der getupfte Hengst erledigte brav und zuverlässig seine Arbeit, ob er nun die künftige Olympiasiegerin trug oder den kleinen Anders. Mit dem Nesthäkchen der Familie zeigte Pünktchen jeden Tag die Abschlußnummer. Anders war zwar erst fünf, aber er hatte schon auf dem Pferd gesessen, bevor er laufen konnte.

Anders kam als Pippi Langstrumpf mit roter Zopfperücke, mit geringelten Strümpfen und Flickenkleid hereingaloppiert. Pünktchen schien jetzt nicht mehr Pünktchen zu sein, sondern der leibhaftige Kleine Onkel aus dem Buch „Pippi Langstrumpf". Auf Anders Schulter hockte der Affe Herr Nilsson. Wenn Herrn Nilsson der Galopp zu langweilig wurde, machte er kurz entschlossen einen Satz von Anders Schulter mitten auf den Schoß eines Zuschauers, der gerade Popcorn oder Erdnüsse knabberte. Diese Nummer hatte ihm keiner beigebracht, aber sie stieß jedesmal auf große Begeisterung bei den Kindern.

Als Kerstin abends Pünktchen und die beiden
Ponys, die vier Ziegen, Herrn Nilsson und die beiden Hunde Struppi und Ruppi gefüttert hatte, lag
wie immer ein langer Tag hinter ihr. In der Manege trat sie außer mit dem Pferd auch noch als
Jongleur mit Reifen und Bällen, als Seiltänzerin
und zusammen mit ihren kleinen Schwestern als
Clown auf.

Und morgens mußte sie natürlich in die Schule
gehen. Fast jede Woche in eine andere. Auch
daran gewöhnte man sich.

Dieses Mal gefiel es Kerstin in der Schule
besonders gut. Gott sei Dank hatte sie wieder die
nette Frau Spielmeyer als Lehrerin bekommen,
die sie schon vom letzten Jahr kannte. Damals
hatte Kerstins Vater alle Klassenkameraden umsonst reiten lassen, und deshalb war Kerstin den
Schülern in Belm noch in guter Erinnerung. Kerstin freute sich direkt darauf, morgen wieder in
die Schule zu gehen, obwohl sie das mitunter
reichlich lästig fand.

Aber am nächsten Tag hatte Kerstin dann doch
schulfrei. Und zwar aus einem sehr traurigen
Anlaß: Nachts war ein Sturm mit Windstärke elf
über Niedersachsen hinweggerast. Das große

Zelt, die beiden Stallzelte, alles war zusammen-
gestürzt, zerrissen, weggeweht.

Mit Tränen in den Augen hockte Kerstins Vater
auf den Stufen zum Wohnwagen. Fassungslos
schüttelte er den Kopf. „Was sollen wir nur tun,
was sollen wir nur tun?" murmelte er immer
wieder vor sich hin.

Kerstins Herz krampfte sich zusammen. So
verzweifelt hatte sie ihren Vater noch nie gesehen. Pünktchen, die Ponys und die Ziegen standen unbeweglich im kalten Wind, der immer
noch nicht abgeflaut war. „Um Himmels willen",
murmelte Kerstin, „die Tiere ..."

Kerstin war mit ihren zwölf Jahren schon sehr
selbständig. Sie zog ihre wärmste Jacke an und
fuhr mit dem Rad zu den fünf Bauernhöfen in der
Umgebung. Mittags waren alle Tiere vorübergehend untergebracht.

Tagelang arbeitete die ganze Familie ohne
Pause. Die Zelte mußten geflickt, zerbrochene
Tribünenbänke repariert, Kostüme instand ge-
setzt werden. Jeden Abend radelte Kerstin noch
schnell zu ihrem Pünktchen, um ihm das Neueste
vom Tag zu erzählen. Pünktchen hatte es gut
beim Bauern, aber er schien Kerstin sehr zu ver-

missen. Sobald er ihre Stimme hörte, reckte er den Kopf hoch und begrüßte sie mit einem leisen Wiehern. Mit Pünktchen war für Kerstin alles viel leichter zu ertragen.

Doch dann kam dieser schreckliche Abend.

„Kerstin, du bist ja mein großes Mädchen", sagte ihr Vater ernst. „Du weißt, daß wir durch den Sturmschaden erst mal keine Vorstellungen geben können. Wir sind am Ende. Unser Geld ist aufgebraucht." Er blickte zu Boden. „Um es kurz zu machen – wir müssen Pünktchen verkaufen. Er braucht am meisten Futter von allen, für zweihundert Mark jeden Monat. Das geht einfach nicht mehr. Und wenn wir ihn jetzt verkaufen", fügte Kerstins Vater noch hinzu, „bekomme ich noch einen anständigen Preis."

Kerstin stand wie gelähmt in der Tür. Schließlich ging sie wortlos zu Bett und weinte die ganze Nacht.

Am nächsten Morgen erschien sie kreidebleich in der Schule. Als ihre Lehrerin sie auf den Sturmschaden ansprach, konnte Kerstin ihre Tränen nicht mehr zurückhalten. Stockend erzählte sie, wie schrecklich alles war und daß Pünktchen verkauft werden sollte. „Wegen zweihundert

Mark Futtergeld im Monat...", schluchzte sie.

In der Klasse herrschte betretenes Schweigen. Nach dem ersten Schreck versuchten alle, Kerstin zu trösten. Als Kerstin später nach Hause ging, fühlte sie sich schon etwas besser. Noch konnte sie nicht ahnen, welch tolle Überraschung die Klasse 7 sich für sie ausdenken würde...

Für Freitag hatten sie als Hausaufgabe eine „Erklärung von Schiller-Zitaten" aufgehabt. Doch als Frau Spielmeyer die Hefte einsammeln wollte, guckten die Schüler nur spitzbübisch.

„Wir haben uns alle denselben Spruch ausgesucht", sagte Andrea verschmitzt, „nämlich *,Kommt, laßt uns alle für einen stehn!'* – und den kann man besser in die Tat umsetzen, als ihn zu erklären."

Sie kramte einen Gutschein aus der Tasche. „Für dich, Kerstin", sagte sie. „Jeder Schüler an dieser Schule gibt ein Jahr lang eine Mark im Monat von seinem Taschengeld ab. Für Pünktchen. Das macht genau zweihundertvierzehn Mark im Monat."

Natürlich durfte Pünktchen jetzt bleiben – dank Klasse 7.

„Aber unter einer Bedingung", hatte Kerstins

Vater gesagt. „Du mußt mit ihm sofort etwas Neues in der Rechennummer einüben – nämlich: Welche Klasse ist die beste der Welt?"

Keine Frage, daß Pünktchen sofort begriff, daß er sieben Mal mit dem Vorderhuf scharren mußte!

Rudi, der Babyfriese

Hallo, ich bin Rudi! Eigentlich bin ich ein ganz normaler Friese. Aber die Leute kriegen immer so einen merkwürdigen Glanz in ihren Augen, wenn sie vor meiner Box stehen.

„Er hat ja noch richtige Kinderaugen, unser

Babyfriese", sagen sie dann immer ganz gerührt.

Dann schnappe ich mir sofort ihre Jackenärmel und ziehe sie etwas näher heran, damit sie sehen, daß ich auch total cool gucken kann.

Das ist natürlich nur Spaß, klar, denn ich bin ein absolut friedlicher Friese. Zugegeben, erwachsen bin ich mit meinen dreieinhalb Jahren noch nicht, obwohl meine Mähne jetzt schon länger ist als bei den „großen" Friesen.

„Na, Rudi, hast du dir wieder Dauerwellen legen lassen?" kichern die Mädchen manchmal, wenn Alex meine Locken frisch gewaschen hat.

Alex kümmert sich nach der Schule um mich. Sie sieht mir ein bißchen ähnlich. Ihre Mähne ist so toll und lang wie meine, nur schimmelfarben; Puschel hat sie leider keine an den Füßen. Aber für einen Menschen sieht sie einem Friesen schon sehr ähnlich. Wir Pferde nennen sie „zweibeinige Schimmelfriesin".

Bis jetzt durfte ich mit Alex viel draußen herumtoben, aber kürzlich sagte der Chef: „Jetzt kommst du in die Schule, Rudi, damit du ein gutes Lehrpferd wirst."

Erst dachte ich, oh, bitter – Schule! Das Wort hatte ich schon oft von den Mädchen gehört, und

die hatten dann immer so einen angeekelten Ausdruck im Gesicht. Aber Friesenschule ist wohl
was anderes. Macht richtig Spaß!

Gerade bin ich mit der dritten Klasse fertig, das
heißt, ich darf im Reitschulunterricht mitgehen.
Ist echt gut – aber eins nervt mich: „Das wird ein
zweiter Auke", höre ich beim Unterricht ständig.

Allmählich werde ich sauer. Irgendwann kann
man es nicht mehr hören, daß dieser Auke soooo
zuverlässig sei und waaaaahnsinnig freundlich
und einen eeeeeinmalig guten Charakter habe
und eben ein richtiges Verlaßpferd sei. Ich
möchte überhaupt mal wissen, was ein Verlaßpferd ist. Ich kenne Friesen und Dülmener
Pferde, Fjordpferde, Camarguepferde und sogar
Bosnische Gebirgspferde. Aber ein Verlaßpferd ist
mir noch nicht begegnet!

Der Chef hat wohl gemerkt, daß mich der ständige Vergleich mit diesem Auke wurmt. Darum
hat er mir kürzlich erklärt, daß Auke auch ein
Friese ist wie ich. Und ein Verlaßpferd obendrein.
Das, sagte der Chef, sei ein Pferd, auf das man
sich hundertprozentig verlassen könne.

Da habe ich ihn nur angeschaut und er mich,
und nach einer Minute hat der Chef gegrinst: „Sei

nicht albern, Rudi, du weißt schon, was ich meine."

Manchmal kann der Chef Gedanken lesen, glaube ich. Ich habe nämlich gedacht: Verlassen kann man sich auch auf mich. Nämlich darauf, daß ich jedem Besucher Möhren aus der Tasche ziehe.

Inzwischen habe ich diesen Auke kennengelernt. Ich bin nämlich jetzt in die vierte Klasse gekommen, und das heißt: Kutsche ziehen lernen. Auke ist mein Lehrmeister. So nennen die Menschen das Pferd, das einem Anfänger wie mir alles beibringt. Das erste Mal schwirrte mir der Kopf von all diesen komischen Ausdrücken: bewegliches Leinenauge, Strangstutzenschnalle, Eiserne Trageöse...

Doch Auke verriet mir als erstes, daß wir Pferde mit diesem ganzen Theoriezeug gar nichts zu tun hätten. Diesen komplizierten Kram müßten sich nur die Menschen merken. Wir Friesen brauchten die Kutsche eigentlich nur zu ziehen. Ja, und das habe ich dann auch gemacht!

War gar nicht schwer. Manchmal war natürlich unterwegs was Aufregendes zu sehen. Da mußte ich erst mal stehenbleiben und gucken. Auke hat

dann die Kutsche alleine weitergezogen und mir danach erklärt, daß man als Pferd nicht einfach anhalten darf, wann man will. Aber bei den Menschen auf dem Bock hat er mich nicht verpfiffen, das fand ich sehr anständig von ihm.

So ganz habe ich das Prinzip trotzdem noch nicht verstanden. Zum Beispiel bei Pfützen: Ich bin natürlich vor der ersten stehengeblieben. Soll ich mir in dem Matsch meine Puschel versauen?

Dauernd hörte ich vom Bock: „Komm, Rudi – komm, Rudi." Als auch Auke meinte, durch die Pfützen müßte ich durch, habe ich mich schließlich überreden lassen. Um meinen guten Willen zu zeigen, wollte ich durch die nächsten Wasserlöcher im Galopp, aber dann hieß es plötzlich: „Ey, Rudi – *nicht!!!*"

Die Menschen wissen einfach nicht, was sie wollen...

Sicher fragt ihr euch, warum ich denn überhaupt Kutschefahren übe, schließlich brauche ich das doch in einer Reitschule gar nicht.

Doch! Ich habe nämlich einen Traum: Einmal beim Adventsreiten die Weihnachtskutsche zu ziehen. Mit Engeln drin. Und zwanzig Säcken mit

Äpfeln und Möhren für die Pferdebescherung. Bis jetzt war Auke Weihnachtspferd, aber er hat mir versprochen, daß ich dieses Jahr darf.

Kürzlich haben wir geübt. Toll, wie die Kutsche geschmückt war! Als wir zum Proben in die Reithalle fuhren, hat Auke mir aufmunternd zugewiehert. Er ist nämlich inzwischen mein Freund geworden.

Aber dann kam der totale Reinfall. Ich kann nur sagen: Das Weihnachtskutschefahren ist mir völlig falsch geschildert worden! In der Halle lauerten nämlich lauter Gespenster mit flatternden Gewändern und Waffen, die schlimme Geräusche machten. Und auf der Tribüne saßen jede Menge Zweibeiner, die wie verrückt mit ihren Vorderfußwurzelgelenken wackelten und auch Krach damit machten.

Natürlich mache ich so etwas nicht lange mit. Sofort habe ich mich umgedreht und bin wieder nach draußen getrabt.

Da haben alle ganz betreten geguckt, und der Chef hat sich das Kinn gerieben und gesagt: „Unser Babyfriese ist wohl noch nicht soweit." Er hat mir die Mähne gekrault und gemeint: „Macht nichts, Rudi. Bei uns Zweibeinern würde man

sagen: ein Fall von menschlichem Versagen."

Aber ich finde, das muß ja wohl auch mal einem Pferd gestattet sein! Jedenfalls sage ich euch, meine Nerven lagen offen auf dem Tisch.

Alex hat mich dann getröstet. Die Gespenster, sagte sie, wären gar keine, sondern unsere netten Reitermädchen in Engelskleidern. Und die Waffen wären nichts anderes als kleine Glocken – die durfte ich dann ausgiebig beschnuppern. So aus der Nähe sahen sie gar nicht mehr gefährlich aus. Nicht mal ein winziges Fohlen würde sich bei genauer Betrachtung davor erschrecken. Und dieses Händegewackel der Zweibeiner – das nennt man Klatschen, sagt Alex. Wenn man das hört, dann heißt das, daß die Menschen etwas ganz toll finden. In diesem Fall also mich!

Irgendwie fühlte ich mich geschmeichelt. Es lohnte sich wohl doch, für diese weihnachtliche Horrorshow in der Reithalle zu proben.

Alex und die anderen Mädchen sind dann jeden Tag mit mir auf die Weide gegangen, und wir haben „Rudi fürchtet sich nicht mehr vor Gespenstern" geübt. Das geht so: Die Mädchen klatschen wie verrückt in die Hände, klingeln mit Glocken, und Alex läuft mit wehender Mähne auf

mich zu. Und ich stehe wie ein Denkmal. Da seht ihr keine Friesenwimper zucken. Na gut, eine Minute lang. Aber ist das nichts?

Sonntag ist der große Tag! Adventsreiten mit Pferdebescherung. Die Kutsche ist schon fix und fertig geschmückt, die Möhrensäcke stehen in der Futterkammer.

Gerade als ich anfing, mich so richtig auf meine erste Weihnachtskutschfahrt zu freuen, hörte ich den Chef sagen: „Wir nehmen doch dieses Jahr wieder den Auke, Rudi braucht wohl noch etwas Zeit!"

Da habe ich natürlich schwer die Ohren hängen lassen, und Alex auch. War denn das ganze Üben umsonst gewesen? So eine Pleite! Wo ich doch jetzt vor nichts mehr Angst habe.

Aber dann ist was Tolles passiert. Auke meinte, wenn die Zweibeiner schon nicht von selbst darauf kämen, daß ich, Rudi, endlich dran sei, dann müßte man eben nachhelfen. Kurz und gut: Auke hat mir versprochen, Sonntagmorgen plötzlich zu „lahmen". Darauf könnte ich mich verlassen.

Dann *müssen* sie mich nehmen! Und jetzt weiß ich endlich, was ein Verlaßpferd ist.

Komm bald wieder, Fleur!

Angestrengt versuchte Tanja, auf ihrem kleinen Wecker die Uhrzeit abzulesen. Erst fünf Uhr! Mit einem Ruck drehte sie sich im Bett um. Vielleicht konnte sie ja doch noch etwas schlafen. Mit offenen Augen starrte sie in die Dunkelheit.

Heute war der Tag da. Die ganzen letzten Monate hatte sie versucht, sich einzureden, daß es ja noch soooo lange hin wäre, bis die Box von Fleur endgültig leer blieb.

Seufzend setzte Tanja sich im Bett auf. Es hatte keinen Sinn, den Kopf in den Sand zu stecken.

„Mit deinen vierzehn Jahren", hatte ihre Mutter gestern noch gesagt, „mußt du schon mal mit Sachen fertig werden können, die nicht zu ändern sind."

Was wußten die Erwachsenen schon von einer echten, tiefen Freundschaft, dachte Tanja, als sie etwas später leise die Wohnungstür hinter sich ins Schloß zog. Schließlich hatte sie Fleur gepflegt, seit Familie Raethe die Holsteiner Schimmelstute vor vier Jahren gekauft hatte. Und nun zogen die Raethes mit Fleur von Hamburg nach Essen, weil man Hans Raethe da einen supertollen Job angeboten hatte.

„Das kannst du heute noch nicht verstehen", hatte er ihr gesagt, „aber in zehn Jahren wirst du einsehen, daß ein guter Posten manchmal wichtiger ist als ein Pferd."

Damals hatte Tanja nur geschwiegen, aber gedacht hatte sie: „Ein Job wird für mich nie im Leben wichtiger sein als Fleur. Nicht in zehn Jahren, nicht in zwanzig Jahren und nicht in hundert Jahren."

Dabei mochte sie die Raethes wirklich gern.

Sie war total glücklich gewesen, daß Fleur so freundliche, einfühlsame Besitzer gefunden hatte. Alle im Stall konnten die Raethes gut leiden. Ingrid Raethe kümmerte sich nämlich auch um die Schulpferde, brachte ihnen Wurzelsäcke mit, weichte den beiden Trakehnern Heu ein, weil sie gegen Staub genauso allergisch waren wie Fleur.

Weil die Raethes bei den Mädchen einen Stein im Brett hatten, hatten Tanja und ihre Freundinnen letzten Sonntag zum Abschied sogar ein Märchen für Fleur aufgeführt und Raethes einen Gutschein geschenkt. „Gutschein für ein Stallmärchen: ‚Fleur kehrt heim'", hatten sie draufgeschrieben. „Gültigkeit: 1 Jahr."

Daran mußte Tanja jetzt denken, als sie mit einem Kloß im Hals auf Fleurs Box zuging.

„Hallo, Kleine", murmelte Tanja leise.

Fleur hatte wie immer ihren Kopf hochgereckt, als sie Tanjas vertraute Stimme hörte. Mit dunklem Kollern begrüßte sie ihre beste Freundin. Voller Vertrauen rieb die Stute ihren Kopf an Tanjas Schulter. Nur gut, daß Fleur nicht ahnte, daß sie in einer Stunde schon auf der Autobahn sein würde…

Raethes waren schon reisefertig angezogen.

„Für dich, Tanja." Ingrid Raethe steckte ihr eine durchsichtige Hülle mit lauter Fahrkarten zu. „Der Intercity braucht nach Essen nur drei Stunden. Wir würden uns wirklich freuen, wenn du Fleur sooft es geht besuchen kommst."

„Oh, echt stark!" Tanja freute sich riesig. Sie hatte schon seit Monaten heimlich Taschengeld zurückgelegt, um sich ab und zu eine Bahnfahrt leisten zu können.

Wie würde das erste Wiedersehen mit Fleur wohl sein? Sie versuchte, sich das auszumalen, während sie schweigend zusah, wie Herr Raethe Fleur in den Hänger führte.

„Komm doch rauf und sag Fleurchen tschüs!" rief er von oben.

Tanja schüttelte heftig den Kopf. Sie hatte schon Abschied genommen. Gestern abend, als sie ganz allein mit Fleur in der Box war.

Langsam ging sie neben dem Auto her.

Was war denn da hinten los? Zehn ihrer Stallfreundinnen hatten in Reitsachen ein Spalier an der Hofausfahrt gebildet. Quer über den Weg hielten sie ein riesiges Schild mit der Aufschrift: „Komm bald wieder, Fleur!"

Jetzt konnte Tanja ihre Tränen nicht mehr länger zurückhalten. Schluchzend rannte sie zurück in den Stall und verkroch sich in Fleurs leerer Box.

Als Tanja eine Woche später im Zug nach Essen saß, lag eine harte Woche hinter ihr. In der Schule hatte sie eine Mathe- und eine Bioarbeit total verhauen, weil sie sich einfach nicht konzentrieren konnte. Aber nun zu Fleur! Das entschädigte sie für alles!

Ihre Schimmelstute erkannte sie sofort wieder. Immer wieder rieb sie ihre Nase an Tanjas Kopf und preßte ihr Kinn gegen Tanjas Schulter, als ob sie sie nie wieder weglassen wollte.

Dabei hatte Fleur es wirklich gut getroffen – sie wohnte jetzt in einer großen Außenbox mit Paddock. Frau Raethe ritt sooft es ging mit ihr ins Gelände. Nur eins machte ihr Kummer: Fleur schloß sich nur schwer anderen Pferden an. Sie hatte von Fohlentagen an mehr Menschen als Pferde als Spielkameraden gehabt.

„So ein Pflegemädchen wie dich zu finden", sagte Frau Raethe, „ist hier viel schwerer, weil hier keine Reitschule angeschlossen ist."

Insgeheim freute sich Tanja natürlich darüber.

So kam es, daß sie ihre geschenkten Fahrkarten an jedem Wochenende ausnutzte. Raethes waren sehr froh darüber. Herrn Raethes „Traumjob" hatte sich als sehr streßreich entpuppt. Selbst am Wochenende hatte er oft Termine, häufig auch welche, bei denen Frau Raethe mitmußte.

In der Schule hatte Tanja sich wieder aufgerappelt, so daß auch ihre Eltern nichts gegen die Fahrten hatten, zumal Tanja in Essen öfter ihre nette Tante Monika besuchte.

An einem Wochenende war Frau Raethe völlig niedergeschlagen.

„Mein Mann muß für ein halbes Jahr nach Singapur", sagte sie zu Tanja. „Mit mir. Aber was wird dann bloß aus Fleur? Am liebsten würde ich sie solange wieder nach Hamburg bringen – aber im Stall ist erst im nächsten Sommer eine Box frei."

Tanja war, als schnürte sich ihr Herz zusammen. Was konnte das bedeuten? Würden Raethes Fleur verkaufen? Ihr wurde richtig schlecht, als sie sich das vorstellte. Sie mußte sich etwas einfallen lassen! Den ganzen Rückweg grübelte sie

im Zug über eine Lösung nach. Sie verwarf eine
nach der anderen, doch dann kam ihr die Idee.

Tanja war kaum zu Hause, da tischte sie ihren
Eltern ihren Vorschlag auf. Im Februar begann ja
sowieso ein neues Schuljahr. Da konnte sie doch
bei ihrer Tante Monika in Essen wohnen und dort
ein halbes Jahr zur Schule gehen. Und Fleur
würde ihr sechs Monate ganz alleine gehören!
    „Außerdem werde ich im Februar fünfzehn",
fügte sie noch mit Nachdruck hinzu, „und Papa
meint doch immer, ich müßte mal was anderes
sehen als Hamburg."
    Wie gut, daß Tanjas Eltern mit sich reden
ließen!

Mit der Versetzung in die andere Schule klappte
alles bestens. Und mit Fleur auch. Manchmal
dachte Tanja, daß Fleur und sie durch die ganze
Geschichte mit dem Umzug fast noch engere
Freunde geworden waren. Wenn das überhaupt
möglich war...
    Raethes riefen regelmäßig an und erzählten
von der asiatischen Hitze und daß sie die Wärme
oft nur aushielten, wenn sie sich die Fotos vom

letzten Urlaub anguckten. Den hatten sie mit Fleur in der frischen Seeluft von Sylt verbracht.

Beim letzten Anruf in Essen deutete Frau Raethe an, daß sich möglicherweise demnächst etwas ändern würde. Die Geschäfte ihres Mannes seien so erfolgreich, daß die Firma ihn bald woanders einsetzen wollte.

Dieser letzte Satz von Frau Raethe ging Tanja nicht aus dem Kopf. Hieß das vielleicht, daß Raethes diesmal mit Fleur noch weiter wegziehen würden?

Als Tanja beim Putzen von Fleur über die Bemerkung nachgrübelte, sah sie den Stallbesitzer aufgeregt angelaufen kommen. Er wedelte mit einem Stück Papier, das er Tanja in die Hand drückte.

„Ein Telegramm für dich", sagte er atemlos, „aus Singapur!"

Tanja starrte auf das Formular. Stand darin, daß sie wieder Abschied von Fleur nehmen mußte? Diesmal endgültig? Langsam und angstvoll entfaltete sie das Papier.

„werde im sommer geschäftsführer in hamburg – stop – box für fleur bestellen – stop – sofort märchen ‚fleur kehrt heim' einüben – stop – raethes."

Tanja holte tief Luft. „Fleurchen", flüsterte sie glücklich und drückte ihr Gesicht an Fleurs samtige Nüstern. „Jetzt bleiben wir für immer zusammen!"

Die weiße Stute guckte unschlüssig erst auf Tanja, dann auf das Stück Papier. Der Fetzen mußte ja wohl etwas besonders Leckeres sein, wenn ihr Lieblingsmensch darüber so begeistert war! Mit einer schnellen Kopfbewegung erhaschte Fleur das Telegramm und zermalmte es zwischen ihren Zähnen.

Nein, also wirklich, an eine anständige Möhre kam das Ding nicht heran! Ob sie je das Geheimnis ergründen würde, warum sich Menschen über so fade Sachen freuen können?

Beiris, das Märchenpony

Es war einer dieser Sommer, von denen man später noch jahrelang schwärmt: Ein makellos blauer Himmel spannte sich Tag für Tag über den Weiden. Die Pferde bewegten sich bei der Futtersuche langsam und bedächtig und rührten sich nicht mehr als unbedingt nötig. Bei den Ausritten verzichteten die Reiter aufs Galoppieren, um sich und die Pferde bei der erdrückenden Hitze zu schonen. Seit Monaten hatte es nicht geregnet,

und der Teich auf der Reitanlage war auf Pfüt-
zengröße zusammengeschrumpft. Die Mädchen
der Reitschule waren begeistert von dem herrlichen Wetter und nutzten jede Gelegenheit für
ausgiebiges Planschen beim Waschen der Pferde.

Nur Lea stand bedrückt dabei und konnte sich
nicht über die Sonne freuen und nicht über das
Vergnügen der Pferde beim Abspritzen. Dabei
war sie früher eine der ausgelassensten gewesen.
Aber Leas Leben hatte sich vor zwei Wochen
schlagartig geändert.

An jenem schrecklichen Dienstag vor zwei Wochen hatte Leas Lieblingspferd Hermi plötzlich
eine schwere Kolik bekommen.

„Er muß sofort operiert werden", hatte der Tierarzt gedrängt. „Darmverschlingung."

In größter Eile war Hermi verladen worden –
doch der Wagen mit dem Hänger blieb auf dem
Weg zur Tierklinik stundenlang im Verkehrsstau
stecken. Zu lange für das todkranke Pferd. Als sie
ankamen, war es schon zu spät.

So wie ihn würde sie nie wieder ein Pferd
lieben können ...

Am liebsten wäre sie gar nicht mehr in den

Stall gegangen. Lea wollte nicht erleben, wie plötzlich ein neues Pferd in Hermis Box stand.

Der Stallbesitzer versuchte sie zu trösten. „Er hat nicht lange leiden müssen", sagte er. „Und wer weiß, ob er es da oben nicht besser hat. Hermi war so ängstlich und sensibel – irgendwie gar nicht für diese Welt gemacht."

Jedesmal, wenn er das sagte, mußte Lea mit den Tränen kämpfen. Und wenn dann noch Tobias aus ihrer Jugendabteilung hinzufügte: „Irgendwann verliebst du dich bestimmt in ein anderes Pferd", dann rannte sie aus dem Stall und fuhr mit ihrem Fahrrad blindlings durch die Gegend – nur um alleine zu sein.

An diesem Nachmittag war die Stimmung im Stall wieder unerträglich fröhlich gewesen. Darum hatte Lea früh die Flucht ergriffen und war mit ihrem Rad jetzt schon über eine Stunde unterwegs, länger als sonst.

Inzwischen war sie in eine Gegend gelangt, die sie nicht kannte. Langsam kämpfte sie sich einen Feldweg mit tiefem Sand entlang, an Brombeerhecken und großen Wiesen vorbei. Als ihr Rad plötzlich nur noch holprig rollte, wußte sie sofort:

Reifen platt! Bestimmt so ein Brombeerdorn.

Seufzend stieg Lea ab, begutachtete den Reifen und sah sich suchend nach Hilfe um. Mit vorgeschobener Unterlippe blies sie sich eine Haarsträhne aus der Stirn. Mann, war das heiß!

Über den Viehweiden lag ein Dunstschleier, vibrierend, als ob die Luft zitterte. In der flirrenden Hitze sah die Landschaft unwirklich aus, fast wie ein Gemälde.

Da sah sie das weiße Pony. Völlig unbeweglich verharrte es auf einer kleinen Anhöhe. Das hohe Gras reichte ihm fast bis zur Brust. Durch Mähne und Schopf fiel die tiefstehende Nachmittagssonne und tauchte den feingezeichneten Kopf in ein weiches, rötliches Licht.

Fasziniert starrte Lea auf das zauberhafte Pferdebild. „Wie aus einem Märchenbuch", dachte sie unwillkürlich.

Lea Stadtler, fang nicht an zu spinnen! Energisch rief sie sich in Gedanken zur Ordnung. Vorsichtshalber kniff sie dreimal fest die Augen zusammen, um sich davon zu überzeugen, daß das Pony wirklich dort stand und daß sie nicht etwa einen Sonnenstich hatte.

Achtlos ließ Lea ihr Rad fallen und ging zu dem

Zaun, der sie von dem Pony trennte. Sie zog sich auf eine der runden Holzbohlen hoch, die die Wiese einzäunten. Die Ponystute blieb weiter wie eine Statue stehen, hob nur etwas den Kopf und richtete die Ohren nach vorne.

Lea wühlte in ihren Taschen, und natürlich fand sie ein paar Leckerli: Gekonnt ließ sie die harten Brocken in der Handfläche klappern – eine Verlockung, der kaum ein Pferd widerstehen kann. Und tatsächlich, schon bald kam Leben in das „Pferde-Denkmal". Neugierig trabte das Pony auf den Zaun zu, und wenig später knusperte es Lea die Leckerbissen aus der Hand.

„Reifen kaputt?"

Lea rutschte vor Schreck fast vom Zaun, als sie auf einmal die tiefe Stimme hinter sich hörte. Sie drehte sich um. Fachmännisch betrachtete ein großer Mann das Fahrrad an der Weide.

Lea beeilte sich zu nicken. „Ich hab dem Pony nur ein paar Leckerli gegeben", sagte sie schnell, bevor er schimpfen konnte. Denn sie wußte, daß Pferdebesitzer es wegen der Kolikgefahr hassen, wenn Fremde ihre Pferde füttern.

„Schon gut", winkte der Mann ab. Er hatte gesehen, wie liebevoll das Mädchen mit dem Pony

umging, und er vertraute Lea auf Anhieb.

„Unsere Beiris", er deutete auf das Pony, „ist etwas ganz Besonderes." Liebevoll musterte er die kleine Stute. „Sie hat so etwas Märchenhaftes an sich, findest du nicht auch?"

Jetzt wurde sein Blick sorgenvoll. „Obwohl – im Moment macht die Kleine uns Kummer", sagte er. „Sie gehört eigentlich zu meinem Vie-rergespann, mit dem ich an Turnieren teilnehme. Mit der Kutsche, du weißt schon. Aber seit diesem Unfall vor zwei Monaten…"

Er machte eine Pause, als wollte er sich das Ereignis noch einmal genau in Erinnerung rufen. „Der Wagen war ins Schleudern geraten. Beiris rutschte aus und wurde sofort von den anderen Pferden überrannt."

Passiert sei ihr zwar nichts, fuhr der Mann fort, aber seit dem Unfall sei es ihm nicht mehr gelun-gen, Beiris vor eine Kutsche zu spannen. Schon beim Anblick einer Kutsche würde sie in Panik geraten.

„Wahrscheinlich sollte ich sie verkaufen", meinte er etwas verlegen, „aber sie hat so eine ungewöhnliche Ausstrahlung. So eine Lebens-freude und so ein sprühendes Temperament – ich

mag sie einfach nicht weggeben. Wäre gut, wenn ich hier ein Mädchen fände, das sie erst mal reiten würde."

Er wandte sich wieder an Lea. „Ich bringe dich nach Hause. Dein Fahrrad packen wir in meinen Wagen."

Bevor Lea etwas einwenden konnte, hatte er das kaputte Rad geschultert und trug es mit schnellen Schritten auf den nahen Hof.

Als Lea die Aufschrift auf seinem Firmenwagen sah, bekam sie vor Erstaunen große Augen.

„Ach *Sie* sind das!" Sie zeigte auf den Namenszug auf dem Lack. „Unser Schmied! Sie kommen doch immer in unsere Reitschule. Nach Volksdorf."

„Na so was." Der Schmied ließ die Zündung des kleinen Lastwagens an. „Daß wir uns hier über den Weg laufen..."

Während sie den breiten Weg entlangfuhren, sagte er mitfühlend: „Ihr habt ja kürzlich so ein Pech gehabt mit dem Hannoveraner, dem Hermi. Hab's schon gehört. War ein besonders lieber Kerl, stimmt's?"

Lea sah schweigend aus dem Fenster. Bloß jetzt nichts sagen! Sie hätte kein Wort heraus-

gekriegt. Aus den Augenwinkeln sah der Schmied zu ihr hinüber.

„Dein Lieblingspferd?" fragte er dann vorsichtig, als keine Antwort kam.

„Hmmm", murmelte Lea.

Der Lastwagen rumpelte an der Weide vorbei. Beiris stand bewegungslos auf der Anhöhe.

„Wie gesagt", der Schmied hatte plötzlich eine Idee und fuhr sehr langsam an der Weide vorbei, „unser Pony braucht für die nächsten Monate einen guten Reiter. Ohne Bewegung wird Beiris krank. Wie wär's...?"

Das war heute vor beinahe einem Jahr. Zweimal in der Woche radelt Lea seitdem die weite Strecke zur Ponyweide, und Beiris wiehert jedesmal voller Freude, wenn sie das Fahrrad kommen sieht. Am liebsten würde Lea den ganzen Tag mit Beiris verbringen – wenn da nur nicht diese dummen Schularbeiten wären!

Ohne das „Märchenpony" kann Lea sich ihr Leben nicht mehr vorstellen.

Und Hermi – den wird Lea nie vergessen! Aber die fröhliche Beiris hat es immerhin geschafft, eine andere Ecke ihres Herzens zu erobern.

Wie Herr Berger zu einem Fjordpferd kam

Die acht Pferde auf der großen Weide kümmerten sich nicht um ihn, als er das Gattertor sorgfältig wieder hinter sich schloß.

Herr Berger stand etwas unentschlossen am Rand der Wiese und musterte die Pferde eins nach dem anderen. Einige Fohlen waren dabei. Aber wie zum Teufel sah ein acht Wochen altes Fjordpferdfohlen aus? Das wollte er nämlich foto-

grafieren. Reine Gefälligkeit. Er kannte die Pfer-
debesitzerin flüchtig. Die Fotos sollten an den
Käufer des Fohlens geschickt werden. Der hatte
das kleine Fjordpferd schon vor einem Jahr „be-
stellt". Weil er beruflich nach Süddeutschland
ziehen mußte, hatte der Käufer sich das Hengstfohlen namens Ibsen noch gar nicht anschauen
können.

Der Rand der Wiese war noch nicht gemäht, so
daß Herr Berger bei jedem Schritt die Beine hoch
anheben mußte, um nicht ständig mit der Hose
an den niedrigen Baumtrieben hängenzubleiben.
Immer wieder wurden die Hosenbeine bis ans
Knie hochgezogen.

Leicht genervt drehte Herr Berger sich um –
und blickte geradewegs in ein kleines, vorwitzi-
ges Gesicht mit übermütigen Augen. Zwischen
einer struppigen Stehmähne waren die Ohren
des Fohlens gespannt nach vorne gerichtet. Im
nächsten Moment schnappte sich Ibsen wieder
ein Hosenbein und zog es blitzschnell nach oben.

„Was bist du denn für eine kleine, freche Rotz-
nase?" fragte Herr Berger überrascht.

Die Stimme klang gut, fand Ibsen. Mit diesem
Zweibeiner könnte man vielleicht einen kleinen

Kampf anzetteln! Mit hoch erhobenem Schweif rempelte Ibsen Herrn Berger an, machte Bocksprünge um ihn herum und versuchte, mit ihm zu boxen. Und tatsächlich – der Zweibeiner machte mit!

Zehn Minuten spätcr lag die Fototasche im Gras, und Herr Berger und das Fjordfohlen tobten über die Weide. Ibsen war begeistert! Endlich einer, der kernig kämpfen konnte. Und nicht so empfindlich war wie die beiden kleinen Stutfohlen, die mit auf der Weide standen. Die wollten immer nur schmusen, schmusen, schmusen. Knabberte er mal etwas kräftiger beim Fellkraulen, rannten sie gleich beleidigt zu ihren Müttern.

Mann, war das anstrengend gewesen! Urplötzlich, mitten im schönsten Spielen, überkam Ibsen eine schwere Müdigkeit. Ein Fohlen kann seine Kräfte eben noch nicht so recht einschätzen. Mitten im Toben legte Ibsen sich einfach hin und fiel sofort in tiefen Schlaf.

Da stand Herr Berger nun mit seiner Kamera. Er wartete zehn Minuten, zwanzig Minuten. Als Ibsen nach einer halben Stunde immer noch schlummerte, packte Herr Berger schließlich

alles wieder ein und fuhr nach Hause. Dann mußte er eben noch einmal wiederkommen.

Als Herr Berger nach einer Woche erneut auf der Weide erschien, sah er Ibsen schon von weitem mit dem Fuchsfohlen Dixie schmusen.

Das Fjordpferd zeichnete sich mit seinem hellen Fell fast wie eine kleine Schäfchenwolke gegen den Himmel ab, dachte Herr Berger und ärgerte sich zugleich ein bißchen über diesen Anflug von Kitsch.

Ibsen erkannte ihn sofort, ließ das Stutfohlen auf der Stelle stehen und galoppierte laut und hell wiehernd auf Herrn Berger zu. Der Schweif war hoch erhoben, und mit ein paar übermütigen Bocksprüngen schien Ibsen sagen zu wollen: „Komm, spiel mit mir!" Und genauso verstand es Herr Berger auch. Wieder ging ein wildes, fröhliches Gejage los, doch dieses Mal schaffte es Herr Berger, ein paar Fotos zu machen.

Eines der Fotos von Ibsen hängte Herr Berger zu Hause über seinen Schreibtisch. Und jedesmal, wenn eine seiner sechs Nichten zu Besuch kam, mußte er erzählen, wie er mit dem Fohlen auf der

Weide gespielt hatte, und daß es von weitem wie eine weiße Wolke aussah.

Als Herr Berger vier Wochen lang jeden Tag auf das Bild geblickt hatte, sagte er sich, daß es doch schön wäre, auch ein Bild von Ibsen mit seiner Mutter zu haben.

So fuhr er zum dritten Mal zur Fohlenweide. Dieses Mal, das hatte ihm die Besitzerin eingeschärft, dürfe er sich nicht mehr auf Kämpfe mit Ibsen einlassen. Der Kleine sei schon sehr stark geworden, und wenn er einmal merkte, daß er den Menschen an Körperkraft überlegen sei, würde er sie nicht mehr ernst nehmen.

Daran erinnerte sich Herr Berger, als Ibsen wie letztes Mal mit lautem Wiehern auf ihn zurannte. Als der kleine Struppi ihn mit Zwicken und Anrempeln zum Spielen aufforderte, blieb Herr Berger regungslos stehen und sagte immer wieder energisch: „Nein!" Das fiel ihm sehr schwer, aber er merkte nach einiger Zeit, daß Ibsen ihn schließlich als Stärkeren respektierte.

Das Fohlen senkte seinen Kopf mit der wuscheligen Stehmähne und lief neben Herrn Berger her: nach links zur Tränke, nach rechts zum Unterstand, nach vorne zum Gatter, nach hinten

zum Zaun. Fotografieren war einfach nicht möglich! Sobald Herr Berger ein paar Schritte zurückging, um Ibsen zu fotografieren, trabte das Fohlen auf ihn zu und leckte über das Objektiv.

Erst als seine Mutter näher kam, schien Ibsen etwas Neues einzufallen. Aus dem Stand galoppierte er plötzlich wie ein Wilder auf sie zu. Ein gewaltiger Satz – und er stand mit den Vorderbeinen auf ihrem Rücken und biß ihr kräftig in die Mähne. Jetzt wollte er Herrn Berger mal zeigen, daß in ihm ein Hengstfohlen steckte!

„Du bist ein total verrückter Hund!" grinste Herr Berger und schoß ein Foto nach dem anderen von Ibsen, der Hengst spielte.

Dann lief der Kleine wieder brav wie ein Hund neben ihm her, und als Herr Berger diesmal das Gatter hinter sich schloß, fiel ihm der Abschied besonders schwer.

Nun hing auch die zweite Wand in Herrn Bergers Arbeitszimmer voller Fjordpferdfohlen-Fotos. Wenn Herr Berger „rein zufällig" Richtung Weide fuhr, schaute er schnell bei Ibsen vorbei, und der stürmte jedesmal freudig auf ihn zu.

Herr Berger wußte, daß man die Fohlen mit

sechs Monaten von der Mutter trennt – und bis dahin waren es nur noch zehn Tage!

Doch eine Woche vor dem Termin erfuhr er, daß der Käufer wegen seines stressigen Berufs Ibsen nun nicht mehr wollte.

„Wir müssen schnell eine Anzeige aufgeben", sagte Nicola, die Besitzerin, „um Ibsen zu verkaufen. Ein Hengstfohlen kann man nicht länger auf einer Stutenweide halten."

Sie gab Herrn Berger den Anzeigentext mit, weil er ja bei der Zeitung arbeitete. Herr Berger kam sich wie ein Verräter vor, als er mit der Anzeige in der Tasche auf die Weide fuhr, um sich von Ibsen zu verabschieden.

„Du mußt verstehen", sagte er und strich dem Fohlen über den Nasenrücken, „daß ich dich nicht nehmen kann." Ibsen ging ruhig und zutraulich neben ihm her. „Ich kann nämlich überhaupt nicht reiten", fuhr Herr Berger fort, während er dem Fohlen die Stehmähne kraulte. „Und ich habe ja meinen Beruf. Ich hätte zu wenig Zeit."

Ibsen drehte seinen Kopf zur Seite und sah Herrn Berger mit seinen ausdrucksvollen Augen an.

„Ich weiß ja, Dressurreiten müßte ich gar nicht lernen für dich", fügte Herr Berger hinzu. „So ein Fjordpferd ist ja wie geschaffen für Ausritte ins Gelände. Trittsicher, zuverlässig, angstfrei." Ibsen stupste ihn mit der Schulter an. „Aber das letzte, was ich gebrauchen kann, ist ein Pferd", sagte Herr Berger und sah Ibsen beschwörend an. „Das mußt du verstehen."

Sie waren am Gatter angelangt. Als Herr Berger den Riegel zurückschob, merkte er, daß sein Hosenbein ganz langsam nach oben gezogen wurde. Er durfte sich jetzt nicht umdrehen – dann hatte er verloren!

Als er sich doch umdrehte, blickte Herr Berger in das vertraute, freche Gesicht mit den freundlichen, erwartungsvollen Augen, und Ibsens helles Fell sah gegen den blauen Himmel aus wie eine kleine Schäfchenwolke.

„Zum Teufel", schimpfte Herr Berger, und dann noch einmal mit Nachdruck: „Zum Teufel!"

Daß er auf dem Nachhauseweg den Zettel mit dem Anzeigentext in den nächsten Papierkorb warf, konnte das kleine Fjordpferd nicht sehen.

Aber Ibsen wußte auch so: Er hatte gewonnen …

Starker Kerl sucht sanfte Hände

Der große schwarze Gelderländer sperrte sein Maul auf, so weit er konnte. Seine Laden schmerzten, jene Stelle zwischen den Zahnreihen, auf der die Trense gelegen hatte. Wenn er das Maul wie zum Gähnen aufriß, tat es etwas weniger weh. Aber da kam dieser unangenehme, rotgesichtige Mensch schon mit dem Stallhalfter und zog es ihm über die Nase. Vorbei war die Chance zum Maulaufsperren.

„Guck dir doch bloß mal diesen verschlagenen Blick an", sagte der Rotgesichtige zu seinem Reiterkollegen. „Und den hat mir der Züchter als sanftmütig und fleißig verkauft."

Beide standen in gebührendem Abstand vor der Box und starrten Geldi an. Der kraftvolle Rappe mit der langen Blesse auf dem ungewöhnlichen Ramskopf legte die Ohren flach an. Wehe, wenn sich von denen jetzt einer zu ihm hereintraute! Ihm reichte es für heute. Geldis Fell klebte naßgeschwitzt an seinem Rücken.

Der Rotgesichtige, sein neuer Besitzer, hatte Geldi zwingen wollen, allein mit ihm ins Gelände zu gehen. Dabei war Geldi noch nie ohne andere Pferde draußen gewesen. Geldi wußte, daß er stark war, und er hatte fast eine Stunde gegen den Reiter auf seinem Rücken gekämpft, um das Stallgelände nicht verlassen zu müssen. Immer wieder hatte er am Hoftor kehrtgemacht und war zurückgetrabt. Da hatte der Mann mit der Gerte auf ihn eingeschlagen, nicht nur auf die Kruppe, auch auf die Schultern. Und dann dieses Reißen im Maul!

Geldi hatte seinen Kopf hochgerissen, so weit es ging, um dem Schmerz auszuweichen. Aber

der Mann hatte nicht aufgehört, am Zügel zu zerren. Sein Gesicht war puterrot angelaufen vor Anstrengung und Wut.

„Du blöder Bock, du wirst schon lernen, wer sich hier durchsetzt", hatte er böse geknurrt und sich Sporen bringen lassen.

Das tat weh. Da hatte Geldi sich gebeugt und war ein Stück mit ihm gegangen. Aber dann wollte der Rotgesichtige ihn durch eine Riesenpfütze reiten. Wasser kannte Geldi nicht. Natürlich blieb er abrupt davor stehen. Wer wußte, wie tief das Loch war! Mit Macht bohrte ihm der Reiter die Sporen in den Bauch, doch Geldi stieg und buckelte verzweifelt, bis der Rotgesichtige sich nicht mehr halten konnte und mitten ins Wasser stürzte.

Wäre Geldi danach bloß gleich weggelaufen und nicht brav stehengeblieben, wie er es bei seinem Züchter gelernt hatte. Doch konnte er ahnen, was passieren würde? Kaum hatte der Mann sich aufgerappelt, griff er voller Wut zur Gerte, hielt sein Pferd vorne ganz kurz und schlug wie von Sinnen auf den Rappen ein. Auf die Flanken, auf den Rücken, sogar ins Gesicht. Irgendwann konnte Geldi sich losreißen und

über die Wiesen nach Hause stürmen.

Schweißgebadet kam er im Stall an. Für das
Pferd stand jetzt fest, daß dieser Mensch vor sei-
ner Box kein Freund war, so wie die anderen
Zweibeiner, die er kannte. Nein, das war ein
Feind!

Ein ranghöherer Freund würde niemals etwas
tun, was Geldi nicht verstand. Und bei dem Rotgesichtigen verstand er vieles nicht – beim Dressurreiten wußte er nie, was sein Reiter wollte.
Der Mann lobte Geldi nie, sondern strafte nur,
ohne daß das Pferd den Grund verstand.

Nein, es ging ihm nicht gut.

Genausowenig wie den anderen beiden Privat-
pferden, die in den Boxen nebenan standen. Ihre
Besitzer hatten sich allesamt ihre Pferde nur zum
Angeben gekauft. Sie waren vielbeschäftigte Ge-
schäftsleute, die weder Zeit noch Lust oder gar
die Geduld hatten, sich mit ihren Tieren zu be-
schäftigen. Es gehörte einfach dazu, ein teures
Pferd zu haben, das man im Golfclub und im Ten-
nisverein beiläufig erwähnen konnte.

Der einzige Lichtblick für Geldi und seine beiden Kollegen waren die Mädchen vom Ponyhof,
die heimlich vorbeikamen und mit den „Privaten"

schmusten. Das war neuerdings streng verboten, nachdem der Rotgesichtige einmal beobachtet hatte, wie Geldi sich von Kerstin und Jeanine völlig brav den Nasenrücken kraulen ließ. Das hatte den Mann maßlos geärgert, wo Geldi ihn doch jedesmal mit gebleckten Zähnen angiftete, sobald er in seine Nähe kam.

Wenn er die Boxentür öffnete, drehte Geldi sich sofort um und versuchte, den verhaßten Reiter mit kraftvollen Huftritten abzuwehren. Jedesmal holte der Rotgesichtige dann die lange Longierpeitsche und schlug auf Geldi ein. Natürlich versuchte er das heimlich zu machen. Er wußte genau, daß der Leiter des Ponyhofes, der ihm die Box vermietet hatte, so ein Benehmen auf seinem Gelände nicht geduldet hätte.

Doch die Mädchen beobachteten den Rotgesichtigen von einem Versteck aus. Und schließlich gingen sie zum Besitzer des Ponyhofes und erzählten ihm alles.

Manfred Hoffmann, der Ponyhofbesitzer, fühlte sich sehr unbehaglich in seiner Haut. Einerseits war er der letzte, der hinter anderen herspionierte, andererseits – wenn das stimmte, was die Mädchen berichtet hatten, mußte er eingreifen.

Er sah auf die Uhr. Gleich achtzehn Uhr. Er zog seine Jacke über und ging mit schnellen Schritten zu den abseits gelegenen Privatboxen hinüber. Er wollte sich das Pferd ansehen und vorsichtig versuchen, mit dem Rotgesichtigen zu reden.

Doch dazu kam er gar nicht mehr. Schon lange bevor er die Boxen sah, hörte er Hufe gegen die Holzwände krachen. Manfred Hoffmann blieb im Halbdunkel des Kutschen-Unterstandes stehen. Was er sah, trieb ihm die Zornesröte ins Gesicht. Mit voller Wucht prügelte Geldis Besitzer auf das Pferd ein, das verzweifelt versuchte, sich mit Huftritten zu wehren!

Mit drei großen Schritten war Herr Hoffmann an der Box. Ein einziger Ruck, und er hatte dem Mann die Peitsche entrissen.

„Raus!"

Seine Stimme war gefährlich leise, als er noch hinzufügte: „Wenn ich Sie hier noch einmal sehe, hänge ich Ihnen eine Anzeige wegen Tierquälerei an."

Einige Tage später erschien Züchter Lengerich, bei dem der Rotgesichtige den schönen Gelderländer gekauft hatte. Kopfschüttelnd sah er

den Rappen an, den er vor einem halben Jahr als freundliches Pferd weggegeben hatte.

Der Rotgesichtige wollte Geldi nicht mehr sehen und ihn an Lengerich zurückgeben.

„Dabei sind Gelderländer so liebe Pferde", sagte der Züchter zu Manfred Hoffmann, „eine richtig urige, holländische Landrasse. Und auch vor dem Wagen einmalig ruhig und zuverlässig."

Sein Blick fiel auf die beiden schönen Kutschen im Holz-Unterstand nebenan. Sie schienen Herrn Lengerich auf eine Idee zu bringen.

Aus den Augenwinkeln sah er Herrn Hoffmann an und sagte noch einmal: „. . . sehr zuverlässig vor dem Wagen." Und als Herr Hoffmann immer noch nicht reagierte, wiederholte er mit Nachdruck: „Wirklich toll vor der Kutsche, diese Gelderländer."

„Mensch, Lengerich", polterte Herr Hoffmann, „was soll ich mit so einem Pferd? Das hier ist ein Ponyhof! Und außerdem – der arme Kerl ist doch völlig versaut. Den kann ich doch nie im Unterricht einsetzen."

Geldi wußte nicht richtig, wie er sich verhalten sollte. Mit Männern hatte er schlechte Erfahrungen gemacht. Kaum schien der Rotgesichtige ver-

scheucht, standen schon wieder zwei vor seiner Box. Sicherheitshalber drehte Geldi sich halb um, um ihnen jederzeit seine Hufe zeigen zu können.

Erst nach einer halben Stunde gab er sich selbst „Entwarnung".

Die Männer schüttelten sich die Hände, und Züchter Lengerich fuhr mit leerem Hänger vom Hof.

Für Geldi begann eine aufregende Zeit auf dem Ponyhof. Er stand jetzt mitten zwischen zwanzig Ponys; den ganzen Tag war quirliges Leben im Stall. Manchmal liefen bis zu dreißig Mädchen durcheinander!

Alle waren nett zu ihm. Mädchen waren immer nett zu ihm gewesen. Darum duldete Geldi es auch von Anfang an, daß Kerstin und Jeanine ihn striegelten und bürsteten, während er die größeren Jungen, die manchmal im Stall halfen, sofort mit Huftritten aus der Box jagte. Von Männern hatte er die Nase voll. Und von Peitschen auch. Er ließ sich zwar von Herrn Hoffmann nach einiger Zeit willig an die Longe nehmen, brach aber sofort zur Seite aus, wenn er die Longierpeitsche nur sah. Damit hatte er zu schlechte Erfahrungen

gemacht. Herr Hoffmann ließ sich Zeit mit dem Gelderländer. Langsam gewöhnte sich Geldi an die Stimme seines neuen Besitzers. Tag für Tag begriff der Rappe etwas mehr von dem, was er tun sollte. Wenn Herr Hoffmann „braver Junge" sagte und ihm eine Möhre zusteckte, dann war es wohl richtig gewesen. Solange er mit der Gerte wegblieb, war alles in Ordnung. Aber schon beim leisesten Berühren seiner Kruppe mit der Peitsche ging Geldi hinten hoch. Sofort kam die Erinnerung an den Rotgesichtigen wieder.

Erst allmählich wurde auch die Gertenangst besser. Geldi duldete schließlich sogar ein leichtes Anlegen der Peitsche. Mehr war auch gar nicht nötig, weil er auch ohne Treiben fleißig vorwärts ging.

Manchmal ist Geldi jetzt schon im Unterricht dabei.

Das geht gut, solange die Reiter die Zügel lang lassen. War die Hand zu hart, sperrt Geldi nach dem Reiten das Maul weit auf, um den Kiefer zu entlasten. Die Mädchen sind dann manchmal den Tränen nahe. Keine von den jungen Reiterinnen zerrt dem Rappen aus Ärger oder Gleichgültigkeit im Maul herum. Doch bei einem schnellen Pferd

wie Geldi greift man schon mal zum Zügel als
Notbremse. Auch wenn man weiß, daß es falsch
ist. Sozusagen als Entschuldigung reiben die
Mädchen ihm nach dem Reiten seine großen
Backen. Das hat Geldi gern. Manchmal schließt
er dabei halb die Augen und schnaubt leise vor
sich hin.

Mitunter bleibt Herr Hoffmann vor Geldis Box
stehen und sagt sichtlich zufrieden: „Die Arbeit
mit dem Gelderländer, die hat sich gelohnt. Der
Geldi wird noch unser bestes Pferd im Stall – und
vor dem Wagen auch." Dann flüstert Kerstin
ihrem Geldi leise ins Ohr: „. . . und wenn ich mal
heirate, gehst du vor der Kutsche."

Aber das bleibt natürlich ein Geheimnis zwischen den beiden . . .

Marko, der Zwillingsfriese

Sein Fell glänzte wie eine Lakritzschnecke. Wenn Marko den Kopf etwas hochnahm wie jetzt, fielen die Sonnenstrahlen direkt in sein linkes Friesenohr und brachten die kleinen Goldhärchen darin zum Leuchten. So richtig zum Kuscheln sah er aus, der fünfjährige Friese.

Marko hatte Mittagspause, die er wie immer mit seinem Friesenfreund Hauke auf der Weide verbrachte. Die beiden schwarzen Wallache be-

143

obachteten aufmerksam, wie ein Jeep mit Pferde-
anhänger auf ihre Wiese zusteuerte. Der Wagen
hielt noch nicht richtig, da wurden schon die
Türen aufgerissen, und unter lautem Gekicher
und Gejohle sprangen zwei Mädchen heraus. Im
Nu war das Gatter aufgestoßen, und die blonden
Zwillinge liefen auf die Friesen zu. Marko
schnaubte vor Begeisterung gleich dreimal hintereinander.

Endlich wieder Kinder! Ob sie ihn holten?
Würde er wieder ein Zuhause finden?

Anika und Nina hatten unterwegs büschel-
weise Gras abgerissen und hielten es Marko hin.

„Nadja, Nadja, guck doch bloß mal", rief Anika
ihrer Mutter zu. „Der hier glänzt wie eine
Lakritzschnecke."

Und ihre Schwester Nina setzte ihre flehendste
Miene auf, als sie hinzufügte: „Kaufst du uns den?
Ach bitte, Mama!"

Marko wußte bei dieser Doppelausgabe
Mädchen gar nicht, welche er zuerst beschnuppern sollte. Sie hatten ihm beide sofort gefallen –
und der Hänger hinter dem Jeep ließ ihn hoffen,
daß er mitgenommen wurde.

Nadja und Frau Müller lachten, während sie

Hauke aus dem Gattertor führten und auf den Hänger brachten. Hauke war Frau Müller gleich entgegengetrabt. Er kannte sie schon, denn sie war ein paarmal zu Besuch beim Züchter gewesen, bevor sie den Friesen jetzt gekauft hatte. Als Hauke verladen war, sah Nadja noch einmal zu ihren Zwillingen hinüber, die sich mit Marko schon richtig angefreundet hatten.

„Ja, schön wäre es schon, so einen Friesen zu haben", sagte sie seufzend zu Frau Müller. „Aber meine beiden Mädchen haben doch gerade erst mit dem Reiten angefangen – und für mich allein wäre die ganze Arbeit drumherum zuviel."

Marko starrte enttäuscht hinter dem Pferdehänger her, der mit Hauke darin langsam über das Kopfsteinpflaster Richtung Ausgang rumpelte. Marko wußte nicht, daß sein Freund nie wiederkommen würde, und hätte er es gewußt, wäre er noch trauriger gewesen.

Immer hatten nur die anderen Glück. Ständig wurden Pferdekollegen von netten Menschen abgeholt. Nur ihn wollte keiner haben. Er verstand nicht, warum, denn wenn er im Wasser des kleinen Wiesenbachs sein Spiegelbild sah, gefiel

es ihm ausgesprochen gut. Das mußte doch auch den Menschen gefallen! Mit seiner breiten Brust sah er mächtig und imponierend aus.

Marko konnte natürlich nicht wissen, daß ein Blick in seine Papiere die Käufer abschreckte. Er war mit seinen fünf Jahren schon zweimal weiterverkauft worden. Der Grund war immer derselbe. Er ist ein Rüpel, hieß es, er schnappt nach allem, was er sieht, er hat einfach zuviel Kraft und braucht eine starke Hand. Kinder mag er zwar gern, aber die würden nicht mit ihm fertig.

Marko hielt sich ganz und gar nicht für einen Rüpel. Das Schnappen war doch nur ein tolles Spiel. Und die Zweibeiner fingen ja immer damit an. Sie ließen ihn an Jackenärmeln knabbern, an Armen und an Fingern. Das war lustig, und wenn sie plötzlich aufjaulten und „Du blödes Biest!" schrien, verstand er die Welt nicht mehr.

Und warum nahmen sie es ihm übel, daß er sich mal austoben wollte? Seine alten Besitzer hatten ihn dreiundzwanzig Stunden am Tag in der Box stehen lassen. Klar, daß er dann vor Übermut losbuckelte, wenn sie ihn endlich zum Reiten herausholten.

Die Zwillinge, ja, das wäre etwas gewesen! Die

schienen Pferde wirklich zu mögen. Bestimmt wären sie jeden Abend mit ihm zum Grasen gegangen und hätten ihm die Backen gekrault – eine rechts, eine links.

Marko schnappte sich den Haken eines Führstricks, den ein Reiter am Zaun vergessen hatte, und lutschte daran herum. Das machte er immer, wenn er traurig war. Wäre er ein Kind gewesen, hätte er jetzt sicher den Daumen in den Mund gesteckt. Aber das ist ja bei Friesen etwas schwierig.

Vater Erik drehte entsetzt die Augen gen Himmel, als seine beiden Mädchen ihn abends bestürmten, Marko zu kaufen.

„Wir haben einen ungezogenen Hund, drei freche Katzen, einen irren Goldhamster, zehn wahnsinnige Hühner und zwei verrückte Zwillinge", stöhnte er. „Ein Pferd hat uns gerade noch gefehlt."

Doch Nina und Anika gaben keine Ruhe. Sie blieben ihm ständig auf den Fersen. Erik flüchtete vor ihnen von einem Zimmer in das nächste.

„Mama kann ihn doch reiten", schlug Nina vor, als sie ihn im Flur erwischte.

„Und wir versprechen, daß wir den Stall ausmisten", drängte Anika, als sie Erik in seinem Kellerversteck erspähte.

Auch auf dem Dachboden hatte er keine Ruhe.

„Ums Putzen braucht ihr euch nicht zu kümmern", rief Nina die Treppe hinauf, und Anika brüllte so laut sie konnte hinterher: „Wir wechseln uns damit ab."

„Ich kann doch gar nicht reiten, was soll ich mit einem Pferd?" kam die Stimme vom Dachboden zurück.

Die Zwillinge steckten die Köpfe zusammen und tuschelten einen Moment. Dann kam ihnen die Idee.

„Frau Müller lernt mit ihrem neuen Friesen Kutsche fahren. Das hat man viel schneller drauf als Reiten!" tönte es triumphierend von unten. Einen Moment herrschte absolute Ruhe auf dem Boden. Dann tauchte Eriks schwarze Stachelfrisur in der Luke auf. „Kutsche fahren???"

Nina und Anika sahen sich mit leuchtenden Augen an. Hoffnung keimte auf. Jetzt mußten sie gleich nachhaken.

„Du würdest toll aussehen als Fahrer", umgarnte ihn Anika.

Nina kletterte ein paar Stufen nach oben und schmeichelte: „Stell dir mal vor, wenn du bei der nächsten Hansepferd auftrittst, und der Sprecher sagt: Friesenwallach Marko mit Erik Abel an den Leinen."

„Mit Erik Abel an den Leinen...", wiederholte Erik versonnen.

„Klingt gut, was?" meinte nun auch Nadja, die wegen des unüberhörbaren Gebrülls nach oben gekommen war. Die Zwillinge strahlten ihre Mutter begeistert an. Sie war auf ihrer Seite!

„Na ja, ich kann ihn mir ja mal ansehen", gab Erik gedehnt nach. Insgeheim gefiel ihm die Idee immer besser, am Feierabend mit Pferd und Wagen durch Wald und Feld zu kutschieren. Man könnte gemütlich Picknick mit der ganzen Familie machen oder zweispännig mit dem Friesen von Frau Müller fahren.

Weil Erik alles, was er machte, gründlich machte, fuhr er allein eine Woche auf das Landesgestüt Redefin nach Mecklenburg und paukte für das Fahrerabzeichen.

Die Woche zog sich für die Zwillinge endlos hin. Endlich kam der Freitag, der Tag der Abschlußprüfung.

Voller Unruhe liefen die beiden immer wieder zum Fenster, um nach Eriks Auto zu sehen. Endlich bog es in die Einfahrt ein.

„Naaaa?" Ungeduldig rannten Nina und Anika ihrem Vater entgegen.

„Wer den Nerv hat, mit zwei Mecklenburger Hengsten fertig zu werden", grinste Erik, „der kann wohl auch einen einzelnen Friesen in den Griff kriegen."

Am nächsten Wochenende fuhr der Hänger wieder auf dem Hof des holländischen Züchters vor.

Diesmal nahm Marko seinen Kopf gar nicht erst hoch. Seit Hauke vor drei Monaten abgeholt worden war, waren fast jeden Tag Autos gekommen, die einen seiner Friesenfreunde mitgenommen hatten. Um ihn hatte sich nie jemand gekümmert. Warum also heute?

Doch dann – dieses Kichern und Lachen kam ihm bekannt vor. Und auch die kleinen Zwillingsmenschen, die sofort auf ihn zurannten und ihm dabei unterwegs Gras abrupften. Marko schnaubte aufgeregt. Die nette Frau war auch wieder dabei und ein unbekannter Igelhaariger, der ständig um ihn herumging. Marko machte

sich noch größer und baute sich breitbeinig auf, um Erik zu beeindrucken. Doch dann entdeckte er diese herrlichen, runden, glatten Knöpfe an seiner Jacke, konnte einfach nicht widerstehen und lutschte sich am obersten Knopf fest.

Gerade als Erik tief Luft holte, um dem Friesen lautstark die Meinung zu sagen, ließ Marko den abgebissenen Knopf vorsichtig in Eriks Hand gleiten. Seine freundlichen Friesenaugen strahlten ihn an. Das war Markos Art zu fragen: „Gehöre ich jetzt zu euch?"

Erik hustete etwas verlegen, dann nahm er seine beiden Zwillinge in den Arm – einen rechts und einen links – und brummelte Richtung Nadja: „Was meinst du – haben wir ein neues Familienmitglied?"

Da war Marko schon allein losgetrabt und blieb erst auf der Hängerrampe stehen. Ungeduldig mit den Hufen scharrend, guckte er sich nach seiner Zwillingsfamilie um. Wo blieben sie denn? Schließlich wollte er zum Füttern zu Hause sein!

SOS: Pony sucht Freunde

„Was für ein edles Tier!" – Das sagten alle, wenn sie das kleine Pony sahen.

Ja, schön war sie wirklich, die kleine, weiße Ponystute. Sie war das teuerste Pferd auf der Auktion der Deutschen Reitponys gewesen, und des-

wegen hatte Herr Ammerstedt sie auch gekauft. Schließlich sollte es für seinen Sohn nur das Beste sein.

Der Sohn von Herrn Ammerstedt war zwar erst acht und interessierte sich eigentlich nicht für Ponys. Aber weil er schon ein Mountainbike, einen Gameboy, eine Stereoanlage und einen Farbfernseher hatte, dachte sein Vater, daß ein Rassepony als Ergänzung ganz nett wäre. Außerdem konnte man es den Gästen zeigen und damit angeben, wie teuer es gewesen war.

Davon wußte das Pony glücklicherweise nichts. Es interessierte sich auch nicht weiter dafür, daß es Cosifantutte hieß. Ein ausgesprochen blöder Name für ein Pony. Herr Ammerstedt fand den Namen allerdings äußerst vornehm.

Er hatte für das feine Pony auf seinem Grundstück einen feinen Stall bauen lassen. Auch eine eigene Weide hinterm Haus hatte das kleine Pony bekommen. Das war kein Problem für Herrn Ammerstedt, denn er hatte sich einen ehemaligen Gutshof gekauft, und das Land ringsherum gehörte ihm. Früher hatten die Reiter aus der nahen Reitschule die Sandwege durch die Wiesen und Wälder benutzen dürfen. Aber Herr Ammer-

stedt hatte das sofort verboten, als er eingezogen war.

Das Pony konnte sich eigentlich nicht beschweren. Sein Stall war hell und luftig, die Weide sehr, sehr groß. Zu groß für ein Pony, das immer alleine ist. Das Pony hatte keinen, mit dem es toben konnte. Keinen, der mit ihm „Fellkraulen" spielte.

Manchmal, wenn es regnete oder sehr kalt war, vergaß Herr Ammerstedt, das Pony in den Stall zu holen. Das war sehr ungemütlich, aber das Alleinsein war noch schlimmer. Alleinsein ist das schlimmste für kleine Ponys.

So kam es, daß das Pony oft voller Traurigkeit vor sich hin starrte.

„Ich glaube, die haben uns mit dem Pferd betrogen", sagte Herr Ammerstedt. „Ein Rassetier kann doch nicht so teilnahmslos und stumpf sein."

Was verstand er schon von Ponys?

Manchmal, wenn der Wind von Südwesten kam, trug er den Geruch von anderen Pferden auf die Ponyweide. Dann reckte das Pony den Kopf ganz hoch und versuchte, den wunderbaren Geruch tief in die Nüstern zu ziehen. Und wenn es

ein Wiehern von den Kollegen auf der anderen Seite des Waldes hörte, wieherte es zurück, so laut es konnte. Wie gerne wäre es dort gewesen! Wie gerne hätte es in einer richtigen Herde mit vielen anderen auf der Weide gelebt. Mit einer Leitstute, auf die man sich verlassen konnte. Die aufpaßte, wenn man sich zum Schlafen hinlegte, so daß man nicht bei jedem Geräusch aufschreckte und sich fürchten mußte!

Das kleine Pony hatte sich schon fast mit seinem Schicksal abgefunden, als sich sein Leben über Nacht plötzlich völlig veränderte.

Ein gewaltiges Gewitter hatte sich in dieser Nacht zusammengebraut, und ein Blitz traf das Strohdach des alten Gutes. Sofort stand alles in hellen Flammen. Nur ein kleines Gartenhaus blieb übrig, in dem die Familie so lange wohnen konnte, bis alles wieder aufgebaut war.

Auch der Stall brannte nieder. Spontan bot der Besitzer der Reitschule auf der anderen Seite des Waldes an, das Pony vorübergehend bei sich aufzunehmen. Er kam gleich mit dem Hänger und lud die verstörte Cosifantutte ein.

Eigentlich hatte der Reitschulbesitzer keinen Grund, Herrn Ammerstedt gegenüber hilfsbereit

zu sein; schließlich konnten seine Schulpferde nicht mehr ins Gelände, seit Ammerstedts eingezogen waren. Aber für ihn war im Moment nur wichtig, daß das heimatlose Pony Cosifantutte gut untergebracht wurde.

Cosifantutte bekam eine Box neben Mirzi. Das war reiner Zufall, weil die Box gerade frei war. Aber was für ein Glück für Cosifantutte! Denn Mirzi war die Schimmelstute, deren Wiehern das Pony so oft gehört und beantwortet hatte.

Die große, weiße Trakehnerstute streckte ihren Kopf über die Trennwand zur Nachbarbox, um den Neuankömmling zu beschnuppern. Und die beiden verstanden sich auf Anhieb!

Auf der Weide nahm Mirzi das Pony sofort unter ihre persönliche Obhut. Und weil sie die Leitstute war, nahmen auch die anderen Pferde das Pony schnell in ihre Herde auf.

Die Kinder waren begeistert von dem kleinen Gast. Sie nannten das Pony schlicht „Pony". „Cosifantutte" fanden sie nun wirklich zu albern.

Pony durfte das erste Mal in seinem Leben im Unterricht mitgehen. Und es lernte schnell. Wenn seine kleinen Reiter ihm den Hals klopften und lobten: „Fein gemacht, mein Mädchen!" – dann

fühlte sich das kleine Pony so glücklich wie noch nie in seinem Leben.

Auch draußen lernte es immer wieder etwas Neues.

Am schönsten war das Baden im Teich auf der Weide. Mirzi war eine richtige Wasserratte, und sie war eifrig bemüht, auch das Pony zum Schwimmen zu bewegen. Zuerst war die kleine Stute sehr ängstlich – huch, mitten durchs spritzende Wasser sollte sie laufen? Ob das gutgehen konnte? Doch Mirzi zeigte der Ponystute immer wieder geduldig, wie man es macht: erst scharren, Untergrund prüfen, dann hinlegen und sich wohlig im Wasser wälzen.

Als das Pony sich einmal getraut hatte, konnte es von den kühlen Fluten gar nicht mehr genug bekommen. Immer wieder rannte das ungleiche Paar durchs Wasser, bis beide total geschafft waren.

Meistens standen die Kinder der Reitschule am Teich und feuerten die beiden an.

„Wo finde ich den Chef?" unterbrach sie eines Tages eine Stimme am Zaun. Herr Ammerstedt war gekommen, um die Boxmiete zu bezahlen und das Pony zurückzuholen.

Die Mädchen drehten sich zu ihm um und starrten ihn feindselig an. Wo gerade noch vergnügtes Lachen und Kichern zu hören gewesen war, herrschte plötzlich eisiges Schweigen.

Keiner antwortete. Alle wandten sich wieder dem Teich zu, in den die beiden Pferde gerade zur erneuten Wasserschlacht eingetaucht waren. In der Mitte des Teiches blieben die beiden stehen und schmusten ausgiebig miteinander. Dann tobte das Pony laut prustend von einem Ufer zum anderen; das Wasser spritzte bis zum Gatter.

Nachdenklich schaute Herr Ammerstedt zu. Sein Blick wanderte von den Mädchen zu den Pferden und wieder zurück. Er dachte daran, wie einsam sein Pony sich bei ihm gefühlt haben mußte. Plötzlich schämte sich Herr Ammerstedt fürchterlich. Er wandte sich um und ging entschlossen in Richtung Reitstallbüro.

Herr Ammerstedt war eigentlich kein schlechter Mensch. Er hatte nur vor lauter Geldverdienen ganz vergessen, was im Leben wirklich wichtig ist. Sein Sohn hatte in den ganzen zwei Monaten nicht einmal nach dem Pony gefragt. Darum stand für Herrn Ammerstedt fest, was er jetzt zu tun hatte.

Als Herr Ammerstedt die Boxmiete bezahlt hatte, sagte er fast beiläufig: „Was halten Sie davon, wenn ich Ihnen das Pony für die Reitschule schenke? Mein Junge hängt wohl doch mehr an seinem Mountainbike!"

Und beim Verlassen des Büros, als klar war, daß das Pony in der Reitschule bleiben würde, murmelte Herr Ammerstedt noch: „Ach ja – die alten Reitwege auf meinem Grundstück können Sie ruhig wieder benutzen. Die gehören ja praktisch mit zum Pony…"

Karin ist wieder da!

Der Friese beobachtete aus den Augenwinkeln, wie die Gestalt sich näherte. Nicht daß er sich fürchtete, aber es war doch besser, den Zweibeiner im Auge zu behalten.

Die Sonne kroch gerade erst hinter den Weidenbüschen hervor, und über der Wiese lag noch der Vier-Uhr-Morgen-Dunst. Erst wenn der Frühnebel bis zur Höhe seines Vorderfußwurzelge-

lenks emporgestiegen war, das wußte Lammert genau, würde der Chef ihn nach der schönen Nacht draußen zurück in den Stall holen. Dann war Weidewechsel – morgens durften die anderen Schulpferde raus.

Der Wallach zupfte weiter an seinen Grasbüscheln, ohne die Gestalt aus den Augen zu lassen. Jetzt war sie auf eine Pferdelänge herangekommen. Der große Friese mit der herrlichen Mähne nahm den Kopf hoch und musterte das Mädchen mäßig interessiert. Beim Grasen liebte er keine Störungen. Aber wenn sie schon mal da war, konnte er auch seinen Schnelltest mit ihr machen.

Für Lammert ließen sich alle Geschöpfe außerhalb der Herde in zwei Sorten einteilen: Sorte eins = Mitspieler, Sorte zwei = Spielverderber.

Mitspieler hatten immer eine Möhre oder ein Stück hartes Brot für ihn in der Tasche, sie gingen auf sein „Mit-dem-Kopf-anstupsen-Spiel" ein und ließen sich von ihm mit seiner weichen Friesenlippe beknabbern.

Für Spielverderber dagegen war das Wort „Möhre" ein Fremdwort. Spielverderber kamen erst fünfzehn Minuten vor der Reitstunde in seine

Box gestürzt, hatten keine Zeit zum Schmusen, sondern legten sofort hektisch und gefühllos mit dem Striegeln los. Auf solche Reiter konnte er gut verzichten.

Lammert drehte seinen Kopf zur Seite und stieß Karin herausfordernd mit der Nase an. Da hatte sie schon ein Brötchen aus der Tasche gekramt. Aha. Sorte eins = Mitspieler. Zufrieden senkte Lammert seine schwarze Nase wieder ins Gras. Aber jetzt wollte er in Ruhe weitergrasen.

Karin schluckte. Das war bitter. Er erkannte sie nicht.

Doch sie wußte genug über Pferde, um sich klarzumachen, daß das ganz normal ist, wenn man so lange weg war. Sie tätschelte dem Friesen noch einmal den Hals und stiefelte dann langsam durch das hohe Gras am Rande der Weide zurück.

Am Gattertor schob Karin mit dem Fuß ihre beiden Koffer mit dem Cowboyhut obenauf zur Seite. Sie war gestern nacht mit dem letzten Flugzeug aus Dallas/Texas in Frankfurt angekommen und sofort mit dem Nachtzug weitergefahren, um ganz früh im Stall zu sein. Ihre Eltern rechneten erst heute mittag mit ihr.

Ein ganzes Jahr lang war sie als Austauschschülerin in den USA gewesen. In Pferdejahren gerechnet, war das wie eine Trennung von ungefähr vier Jahren.

Wie sollte sich Lammert da sofort an sie erinnern? Dabei wußte Karin aus den Briefen ihrer Stallfreundinnen, daß der schöne Friese lange Zeit äußerst verstört gewesen war, nachdem sie eines Tages nicht mehr gekommen war. Wenn die fünf Friesen auf die Weide gelassen wurden, hatte Lammert sich oft stundenlang nicht zu seinen Kumpanen gesellt, sondern war am Tor des Paddocks stehengeblieben. Angestrengt hatte er immer wieder in Richtung Straße geschaut, von wo Karin sonst jeden Tag angeradelt gekommen war.

Es war wirklich kein Wunder, daß Karin ihm gefehlt hatte. Alle hatten sie vermißt.

Karin war etwas ganz Besonderes im Stall. Karin konnte toll reiten, aber das war es nicht allein. Sie war auch mutiger als andere. Im Frühjahr ritt sie als erste mit den übermütigsten Pferden zum Austoben ins Gelände, bevor sich andere draufsetzen mochten. Sie sah immer, wo es im Stall etwas zu tun gab. An die schwierige Leit-

stute Gardenie traute nur Karin sich zum gründlichen Putzen heran, und sie vergaß es niemals.

Als Lammert ganz jung in den Stall gekommen war, hatte Reitlehrer Rühmeier ihr den Friesen zur besonderen Betreuung anvertraut. Wie alle Friesen brauchte er eine feste Bezugsperson, auf die er sich verlassen konnte. Karin hatte Lammert mit einer Engelsgeduld beigebracht, durch den „unheimlichen" Teich auf der Anlage zu gehen. Die beiden harmonierten bald so gut, daß Karin und Lammert sogar bei der großen Friesen-Quadrille auf der Messe „Hansepferd" auftreten durften.

Mit einem Wort: Karin war im Stall einfach unentbehrlich. Doch während alle Menschen verstanden hatten, daß sie ein Jahr zum Schüleraustausch in die USA gegangen war, hatte Lammert das natürlich nicht begriffen. Er hatte nur gemerkt, daß ohne Vorwarnung alles anders war. Der rote Nickipullover, über dessen samtige Oberfläche er beim Putzen so gern leckte, war plötzlich nicht mehr aufgetaucht. Gut, es waren andere Mädchen gekommen. Auch nette. Aber die eine, an die er sich so gewöhnt hatte, war weggeblieben.

Wie oft hatte er in seiner Box auf sie gewartet. Er kannte genau den Klang von Karins Clogs auf der Stallgasse und hatte schon erfreut gewiehert, bevor sie um die Ecke gebogen war. Als sie weg war, hatte ihn das verwirrt und traurig gemacht. Lammert verstand einfach nicht, warum sie ihn im Stich ließ. Aber dann kam ein neuer „Baby-friese" in den Stall, und Lammert hatte genug damit zu tun, ihm auf der Weide gutes Benehmen beizubringen. Das Leben war jetzt wieder normal geworden.

Aber mit Karin war es irgendwie schöner gewesen.

Lammert stand immer noch bis zu den Füßen im Dunst, als dieses Mädchen zum zweitenmal näher kam. Diesmal mit seiner Trense. Etwas irritiert duldete er, daß sie ihm das Zaumzeug überstreifte.

Jetzt führte ihn das große, schlanke Mädchen, das ihm trotz erhobenen Kopfes mühelos bis zur Backe reichte, auch noch von seiner geliebten Weide weg. Was wurde hier eigentlich gespielt? Und das um diese Zeit!

Was war denn das da hinten? Lammert streckte

den Kopf weit vor und schnaubte aufgeregt. Der Sandplatz! Und der Teich in der Mitte. Da war er ja ewig nicht mehr gewesen. Das Wasser glänzte dunkel und etwas unheimlich. Aber Lammert ging ohne zu zögern mit Karin mitten durch den Teich und nahm es gelassen hin, daß das Wasser ihm dabei unter den Bauch spritzte. Als seine Vorderbeine wieder Halt auf dem Ufersand fanden, steckte sie ihm ein Brötchen ins Maul.

„Feiner Lammert", lobte Karin und schob beide Hände unter seine lange Mähne, rollte die Haut des Mähnenkammes sanft hin und her, so wie es Pferde untereinander beim Fellkraulen machen.

Da war es wieder! Dieses wunderbare Gefühl, das vor langer Zeit so großen Eindruck auf ihn gemacht hatte. Damals hatte Lammert das erste Mal begriffen, daß er dem Zweibeiner neben sich total vertrauen konnte. Mit einem Mädchen an seiner Seite hatte er es das allererste Mal gewagt, durch dieses unheimliche, nasse Loch zu gehen.

Jeden Morgen hatten sie das geübt, bis es ihm nichts mehr ausmachte. Immer hatte es zur Belohnung ein Brötchen gegeben und ein bißchen Fellkraulen und „feiner Lammert" und Schmusen mit einem Mädchen im roten Nicki-

pullover, das ihm bis zu den Backen reichte.

Plötzlich wußte er es: Karin ist wieder da!

Da war er wieder der alte Lammert, ungestüm und ausgelassen, kaum zu bändigen. Voller Übermut rammte er ihr seinen Kopf in den Bauch, haschte mit den Lippen nach ihrem Pulli, bockte, schüttelte sich und sprang vor lauter Freude mit allen vieren gleichzeitig hoch. Karin packte ihm in die Mähne und schüttelte ihn wie einen jungen Welpen.

„Na, du blöder Hund", lachte sie zärtlich, „hast du's endlich geschnallt?"

Ja, er hatte es begriffen, und er gab keine Ruhe, ehe sie mit ihm wie früher über den Sandplatz tobte.

Als Reitlehrer Rühmeier um fünf Uhr morgens seine Friesen hereinholen wollte, sah er besorgt, daß einer fehlte. Doch dann hörte er hinten vom Teich ausgelassenes Wiehern und Schnauben, und er sah einen roten Pullover durchs Gebüsch blitzen. Ein Lächeln huschte über sein Gesicht. Karin war wieder da!

Gut gelaunt ging er mit schnellen Schritten durch die Stallgasse, leise vor sich hin pfeifend. Neben der Haferkiste standen noch drei Sack

Möhren, die wollte er zur Feier des Tages gleich verfüttern.

Als er bei der Leitstute angekommen war, sagte er ungewöhnlich vergnügt: „Karin ist wieder da, Gardenie." Und beim Rausgehen fügte er noch bedauernd hinzu: „Schade, daß du mich nicht verstehen kannst."

Gardenie seufzte laut und vernehmlich. Menschen...

Diese ungewohnte Kreidestimme des Chefs, Pfeifen vorm Frühstück, Möhrchen außer der Reihe, Lammerts Wiehern von der Koppel – was konnte das anderes heißen als „Karin ist wieder da!"

Natürlich hatte sie, Gardenie, das längst bemerkt.

Nicht daß sie diese fellarmen Zweibeiner direkt für minderwertig hielt. Aber man mußte sich wohl damit abfinden, daß den sogenannten Menschen einfach der gesunde Pferdeverstand fehlte...

Samson – ein Schatz im Stall

Als Samson zwei Jahre alt war, konnte man es
nicht mehr übersehen: Der Versuch war miß-
glückt. Jedenfalls in den Augen seiner Besitzerin.
Sie hatte ihre edle, temperamentvolle braune
Stute mit der durchscheinenden Seidenmähne
von einem schönen Friesenhengst decken lassen.
Auf ein Superfohlen hatte die Besitzerin der Stute
gehofft. Feingliedrig und rassig wie die Mutter
sollte es sein und dazu den einmalig ruhigen

Charakter und das pechschwarze Fell des Vaters haben.

„Dumm gelaufen, was?" grinsten die Reiterkollegen im Verein jetzt, wenn sie Samson sahen.

Von seiner Mutter hatte er praktisch nichts geerbt – nur die braune Farbe. Der muskulöse Körperbau, der hochangesetzte, kräftige Hals, der dichte Behang an den Fesseln und die dicken, gewellten Schweif- und Mähnenhaare sagten unmißverständlich: Hier seht ihr einen Friesen vor euch. Und zwar ein einzigartiges, unverwechselbares Exemplar: ganz in Braun!

Klar, daß so ein Naturbursche in dem feinen Turnierstall ungefähr so gern gesehen war wie ein Bergsteiger in Kniebundhosen in einem Ballsaal.

Keiner merkte, was für ein Schatz da zwischen den nervigen Vollblütern stand. Wie blind gingen die Reiter tagaus, tagein an Samsons Box vorbei. Sie sahen nur, daß der kräftige Halbfriese mit den pizzagroßen Hufen nicht zu ihren eleganten Pferden paßte.

Nur ein paar Stunden Zeit hätten sie sich für den Außenseiter nehmen müssen. Dann wären sie fasziniert gewesen von seiner ungewöhn-

172

lichen Freundlichkeit, seiner Ausgeglichenheit und seiner Bereitschaft zu lernen. Aber der Schatz Samson wurde hier nicht entdeckt, denn das Wort „Einfühlungsvermögen" war den Reitern in diesem Stall völlig fremd.

Das unerwünschte Pferd wurde so bald wie möglich verkauft. Erst an eine Voltigiergruppe, danach an eine Reitschule.

„Wir haben ein neues Pferd", sagte der Besitzer der Reitschule vor der nächsten Reitstunde, „der Wallach heißt Samson."

„Samson …" Die Mädchen sahen sich mit abfällig verzogenen Mundwinkeln an. „Na toll! Ein blöderer Name ist dem Vorbesitzer wohl nicht eingefallen?"

Schließlich waren sie längst aus dem Sesamstraßen-Alter heraus – warum gab der Reitschulbesitzer dem neuen Pferd keinen besseren Namen? Etwa „Rembrandt" oder „Milton"?

Gut – Samson, der riesige, braune Kuschelbär aus der Sesamstraße war früher der Liebling vieler Mädchen gewesen, ein prima Typ. Mit dem wäre man als Kind bedenkenlos alleine durch Amerika gereist, dem hätte man ohne Zögern

jedes Geheimnis anvertraut. Und die Mädchen
waren sicher, daß sich ihre Mütter so einen ehr-
lichen Typen wie den Sesamstraßen-Samson als
Freund für ihre Töchter gewünscht hätten. Aber
ein Pferd, das Samson hieß?

Das unwillige Gemurmel der Mädchen war
dem Chef nicht entgangen. Er unterdrückte gerade noch eine Bemerkung, die ihm auf der
Zunge lag, aber die Mädchen wußten auch so,
daß er im stillen „Weiberstall" dachte.

Laut sagte er: „Wir sprechen uns in einem halben Jahr wieder." Sein Blick wanderte von den
Reiterinnen zu Samson, dem Halbfriesen. „Wenn
ihr dann immer noch meint, daß der Name nicht
zu Samson paßt, nennen wir ihn anders."

Versprochen ist versprochen. Das halbe Jahr ist
um, und der Chef geht mit einem Block in der
Hand durch die Stallgasse.

„Wie soll Samson heißen?"

„Samson", sagt Birka, die den Halbfriesen nach
der Schule oft putzt. „Nur Samson. Sonst kommt
nichts in Frage." Mit einem wie Samson, fügt sie
hinzu, würde sie ohne zu zögern bis nach Arizona
reiten. Und zurück.

„Samson", sagt Dagmar, die Voltigierlehrerin, „einen besseren Namen gibt es nicht für ihn. Seine Ruhe, seine Geduld – der Name ist goldrichtig!"

Jörg, der Stallmeister, meint, wenn alle so friedlich wären wie Samson, könnte er glatt zehn Pferde mehr betreuen. Einen neuen Namen für ihn zu suchen – das wäre absoluter Blödsinn.

Und Großmutter Hilde, die gute Fee im Stall, die den Mädchen bei schlechtem Wetter manchmal heiße Schokolade kocht – sie seufzt, so einen lieben Kerl wie Samson könne sich jede Stute nur als Schwiegersohn wünschen. Und einen treffenderen Namen als Samson könne es ja wohl nicht geben.

Auch die Jugendquadrille gibt inzwischen widerstrebend zu, daß man gegen den Namen Samson eigentlich nichts sagen kann.

Nur einen läßt die ganze Umfrage völlig kalt: Samson. Er hat einfach keine Zeit, sich um solche Nebensächlichkeiten zu kümmern. Er ist inzwischen das begehrteste Pferd im Stall.

Die ersten Longenstunden? „Da nehmen wir am besten Samson." – Springen für Anfänger? Natürlich mit Samson. – Seelischer Aufbau-Un-

terricht nach einer verunglückten Reitstunde?
„Nimm mal den Samson..." – Partner für die
neue, nervöse Stute in der Quadrille? „Laß sie
mal neben Samson gehen..."

Ein Stalleben ohne den gutmütigen Halbfriesen ist nicht mehr vorstellbar.

Doch dann taucht eines Nachmittags diese
Fremde auf.

Birka putzt auf dem Hof gerade Samson, als die
Frau plötzlich von hinten in seine Mähne greift
und flötet: „Ach, er ist ja tatsächlich noch hier,
mein Dicker!"

Erschrocken fährt Birka herum. Mit zusam-
mengekniffenen Augen mustert sie die schlanke,
blonde Frau, die sich gerade mit gekonnter Geste
die sorgfältig frisierten Locken nach hinten
streicht. Durchgestylt bis zum Schnürsenkel,
denkt Birka leicht angeekelt und tritt unwillkürlich einen Schritt zurück.

„Habt ihr einen Hänger hier?" Suchend sieht
sich die Fremde auf dem Hof um. „Ich nehme ihn
gleich mit."

Birka fühlt, wie alles Blut aus ihrem Gesicht
weicht.

„Was??? Wieso???" fragt sie tonlos.

176

„Er hat mir früher gehört", sagt die aufgedonnerte Frau ungeduldig; ärgerlich, daß sie sich überhaupt mit diesem Mädchen abgeben muß. „Jetzt kaufe ich ihn eben zurück. Meine Tochter braucht was Ruhiges für den Anfang. Natürlich nur, bis sie meine Vollblüter reiten kann."

„Samson wird nicht verkauft. Nie!" Birkas Antwort klingt trotzig und hilflos zugleich.

„Es ist alles nur eine Frage des Geldes", erwidert die Blonde spitz, „das wirst du auch noch begreifen!" Nervös mit den Fußspitzen wippend, späht sie die Stallgasse entlang und hält nach dem Besitzer Ausschau.

„So?" Der Chef steht auf einmal hinter ihnen, die Arme vor der Brust verschränkt. „Was bieten Sie denn für unseren Schatz?"

Ausdrücklich betont er die Worte „unseren Schatz".

Die Summe, die die Frau nennt, erscheint Birka sehr hoch. Und der nächste Betrag, auf den sie sofort erhöht, als der Chef stumm den Kopf geschüttelt hat, ist der Preis für ein gutes Turnierpferd.

Birka starrt auf ihre Stiefelspitzen. Sie traut sich nicht mehr hochzublicken. Eine Reitschule

ist keine Goldgrube, das hat sie schon mitbekommen. Und wenn der Chef so ein gutes Angebot bekommt...

„Das ist viel Geld", gibt der Chef zu. Liebevoll tätschelt er Samson den Rücken. „Aber wenn man einen Schatz gefunden hat, gibt man ihn nicht wieder her. Stimmt's, Samson?"

Samson dreht sich in seiner bedächtigen Art um, stupst den Chef mit der Nase an und schnaubt zustimmend.

„Komm, Birka", sagt der Chef und läßt die entgeisterte Frau einfach stehen. „Zeit zum Füttern."

Cäsars Wunder

Er war vierzehn Jahre alt und arm und verurteilt zu einem trostlosen Dasein.

Zusammen mit zwei Ponys stand der große Schimmel in einem fensterlosen Bretterverschlag, der die Bezeichnung Stall wirklich nicht verdiente. Kaum jemand in der Nachbarschaft wußte, daß es dort Pferde gab.

Das Stroh, auf dem die Pferde standen, war naß und faulig. Der stechende Geruch, der vom

Boden hochstieg, wurde Gott sei Dank oft durch den Wind weggeweht, der mühelos durch die breiten Ritzen pfiff.

Der Schimmelwallach stand die meiste Zeit regungslos mit dem Kopf zur Wand. Ab und zu versuchte er sich umzudrehen, um für seine Hufe ein trockenes Stückchen zu finden, aber dann kam er den Ponys in die Quere. Also stellte er sich wieder bewegungslos an die Wand. Er ertrug sein Schicksal ruhig, mit Würde und ohne zu randalieren. Geduldig harrte er in seinem nassen Stall aus.

Warum sollte nicht auch für einen wie ihn einmal ein Wunder geschehen? Jeden Tag, wenn der Morgen dämmerte, wartete er auf dieses Wunder, und wenn die Sonne unterging, wartete er auf den nächsten Morgen, der das Wunder bringen könnte.

Was er wollte, war nicht viel. Ein Zuhause und ein bißchen Sonne und etwas frisches Gras und trockenes Stroh unter seinen Füßen. Ja, vor allem schönes Stroh. So wie damals in seinem Heimatstall. Der Schimmel war in Irland groß geworden und dort wie die anderen Irish Hunters zum Reitpferd ausgebildet worden. Nie hatte er Probleme

mit seinen Beinen gehabt. Doch seit dieser Pferdehändler ihn hierhergebracht hatte, war mit
seinen Hufen nichts mehr in Ordnung, und er
wußte irgendwie, daß das mit dem nassen Stroh
zu tun hatte.

Früher, als außer zur Fütterungszeit noch öfter
jemand nach den Pferden geschaut hatte, da
hatte man ihm jeden Tag die Füße angehoben
und mit einem Kratzer gesäubert. Aber jetzt? Das
letzte Mal, daß ein Mensch ihm die Hufe ausge-
kratzt hatte, wann war das eigentlich gewesen?
Damals waren gerade die ersten maigrünen Blät-
ter an den Bäumen erschienen, und jetzt färbten
sie sich schon wieder gelb und würden bald
abfallen.

Der Schimmel nahm den Kopf hoch, stellte die
Ohrmuscheln nach vorne und lauschte. Auch
seine beiden Ponykollegen waren aufmerksam
geworden. Äste knackten vor ihrem Stall. Das
Geräusch kam von Südosten, von dieser Seite
näherte sich sonst nie jemand. Die drei Pferde
richteten sich noch höher auf, als die Tür
zögernd geöffnet wurde.

„Ohhh!" Hanni hielt sich vor Überraschung die
Hand vor den Mund. Das hatte sie nicht erwartet!

Während einer Fahrradrallye war sie dabei, nach einer Spur zu suchen. Sie hatte fest damit gerechnet, in diesem Stall eine Botschaft zu finden.

Statt dessen stand sie drei völlig verdreckten Pferden gegenüber.

Besonders der Schimmel sah schlimm aus, die beiden Islandponys schienen robuster zu sein. Hanni ließ die Tür offenstehen und ging vorsichtig um die Pferde herum.

Plötzlich riß der Schimmel seinen linken Hinterhuf hoch. Erschrocken drückte sich Hanni an die Wand. Er wollte sie schlagen! Verunsichert blieb Hanni erst mal ruhig stehen und behielt den Schimmel im Auge. Eigentlich sah er gar nicht aggressiv aus. Inzwischen hatte er den Fuß wieder abgesetzt, nahm ihn aber sofort wieder hoch, legte seinen Kopf zur Seite und sah sie an.

Wollte er gar nicht schlagen, sondern ihr etwas zeigen? Hanni nahm seinen Huf in die Hände, und es schien ihm zu behagen.

Hanni guckte in jeder freien Minute in einem Reitstall zu und hatte sich viel eingeprägt. Leider durfte sie nicht reiten. Ihre Eltern fanden sie mit ihren zehn Jahren noch zu jung. Gut, daß Hanni immerhin schon so oft im Stall zugeguckt hatte.

Auch beim Hufesäubern. So sah sie sofort, daß die von diesem Schimmel nicht in Ordnung waren. Der Strahl war weich, die Haut zerfiel, und alles war naß und matschig. Das Fell in der Fesselbeuge war voller Ekzeme und wundgescheuert.

Hanni stiegen Tränen der Wut in die Augen. Wie konnte man die Tiere hier so erbärmlich halten! Doch es hatte jetzt keinen Sinn, sich aufzuregen. Sie mußte überlegen, wie sie helfen konnte.

Von draußen holte sich Hanni einen kleinen, festen Stock und säuberte damit die Hufe so gut wie möglich. Frisches Stroh war nirgendwo zu entdecken, also mußte sie die Tiere erst mal in dem Mist stehenlassen. Damit die Füße nicht gleich wieder feucht wurden, stopfte Hanni die Hufe mit sämtlichen Papiertaschentüchern aus, die sie in ihren Taschen finden konnte.

Als Hanni sich später wieder auf ihr Fahrrad schwang und nach Hause fuhr, beschloß sie, den Schimmel „Cäsar" zu nennen. Dieser Kaisername, der paßte irgendwie zu ihm. Trotz all des Schmutzes sah er edel aus. Wie einer, der sich nicht beugte.

Natürlich würde sie dafür sorgen, daß ihm und

den Ponys geholfen wurde. Zu blöd, daß ihre
Eltern ausgerechnet jetzt auf einer Geschäfts-
reise waren! So mußte sie alles alleine machen.

Am Ende des nächsten Tages war Hanni völlig
entnervt. Sie hatte bestimmt ein Dutzend Leute
auf die Pferde angesprochen und gefragt, wie
man ihnen helfen könnte. Doch sie hatte nur aus-
weichende Antworten bekommen: „Wenn man
den Besitzer anzeigt, kommt man noch selber
wegen übler Nachrede vor Gericht." Oder: „Das
hast du sicher nicht richtig gesehen. Da wird sich
schon jemand drum kümmern." Oder: „Überall
herrscht Krieg. Wie kannst du da an einen Gaul
denken, der es vielleicht etwas schlechter hat als
andere?" Oder: „Tierschutz? Für Pferde gibt es
keine Tierheime!" – „Ein Zeitungsartikel? Über
ein Pferd mit nassen Füßen? Das ist ja lächer-
lich!" Oder auch: „Meine Güte, Kind. Wenn du
sonst keine Sorgen hast. Tiere soll man nicht ver-
menschlichen …"

Hanni begriff die Erwachsenen nicht. Sie verstand nur, daß keiner ihr half. Abends ging sie
noch einmal in „ihren" Reitstall. Sie wollte allen
Mut zusammennehmen und die Chefin fragen,
was man für Cäsar tun konnte. Doch die war aus-

gerechnet an diesem Tag zu einem Turnier gefahren. Dafür sah Hanni, daß gerade der Boden
der Reithalle ausgewechselt wurde. Drei Last-
wagenladungen frischer Sägespäne wurden
angefahren, die verbrauchten zum Teil herausge-
schaufelt.

Sägemehl! Das konnte sie über Cäsars nasses
Stroh streuen! Der Lastwagenfahrer war nett und
schaufelte für Hanni drei blaue Müllsäcke voll.

„Was willst du bloß damit", wunderte er sich,
„hast du Kaninchen oder Hamster zu Hause?"

„Hmmm", murmelte Hanni, um nicht direkt
lügen zu müssen, und schleifte die Säcke zu
ihrem Fahrrad. Dreimal mußte sie den weiten
Weg zu Cäsars Hütte fahren, um alles hinzubrin-
gen.

Cäsar schien sich zu freuen, als sie die Tür
öffnete. Sofort hob er seinen linken Hinterfuß an.

„Ja, ist gut, mein Junge", sagte Hanni gerührt,
„ich mach dir die Hufe wieder schön sauber."

Diesmal hatte sie auch reichlich Watte mitgenommen, mit der sie die gesäuberten Hufe sorgfältig ausstopfte. Mit den Füßen schob sie den
nassen Mist so gut es ging vor die Tür. Dann kam
der große Moment. Sie öffnete die Säcke und

schüttete das Sägemehl auf den Boden. Sofort senkten Cäsar und die Ponys die Nase in die Späne und scharrten mit den Hufen. Klar, sie wollten sich endlich mal wieder auf trockenem Untergrund wälzen!

Hanni nahm jedes Pferd einzeln mit vor die Tür, damit die anderen sich in Ruhe auf den Boden werfen konnten. Cäsar wollte am liebsten gar nicht wieder hochkommen. Immer wieder rollte er sich über den Rücken hin und her und streckte die Beine weit von sich.

Am nächsten Nachmittag wollte Hanni ihre Pferde mit Wurzeln überraschen. Daß auf sie selbst eine schlimme Überraschung wartete, konnte sie noch nicht wissen, als sie ihr Fahrrad an den Schuppen lehnte.

Die Ponys waren weg! Hanni fühlte, wie es ihr heiß und kalt den Rücken herunterlief. Was bedeutete das? Hatte der Besitzer an den Spänen gemerkt, daß man ihm auf die Schliche gekommen war? Was hatte er mit den Ponys gemacht? Was würde mit Cäsar passieren? War alles umsonst gewesen? Hanni mochte sich abends kaum von Cäsar trennen. Wenn er nun morgen ebenfalls nicht mehr da wäre?

In dieser Nacht konnte Hanni nicht schlafen. Immer wieder wälzte sie sich hin und her. Schreckliche Bilder von Tiertransporten tauchten vor ihren Augen auf. Manchmal, wenn sie doch zwischendurch einschlief, sah sie im Traum Cäsar auf einem dieser Transport-Lastwagen, eingepfercht zwischen anderen Pferden.

Er sah sie aus seinen großen Augen an, nicht vorwurfsvoll, nur erstaunt, daß sein Wunder nun doch nicht geschehen war.

Hannis Entschluß stand fest. Sie durfte nicht aufgeben. Lange bevor der Wecker klingelte, stand sie auf. Um sechs Uhr wurde in der Reitschule gefüttert, und sie wollte pünktlich dasein.

Frau Dreyerhaus schüttete gerade Hafer in den letzten Futtertrog. Hanni schluckte. Die Chefin sah so energisch aus. Alle hatten riesigen Respekt vor ihr. Aber Hanni hatte auch schon oft gehört, daß die Reitschüler sagten: „... wenn es um mißhandelte Pferde geht, hat sie einen ganz weichen Kern.“

Hanni erzählte Frau Dreyerhaus die ganze Geschichte und betonte mindestens dreimal, daß Cäsar bestimmt ein prima Reitpferd sei.

Frau Dreyerhaus sah das Mädchen prüfend an

und stellte noch viele Fragen. Dann schwieg sie eine Weile und sagte schließlich: „Komm in drei Tagen wieder. Ich kümmere mich darum."

Das ist jetzt genau drei Jahre her. Hanni ist gerade dreizehn geworden. Inzwischen darf sie auch reiten. Es ist wohl nicht schwer zu erraten, wie ihr Lieblingspferd heißt. Richtig: Cäsar. Wie Frau Dreyerhaus es damals geschafft hat, ihn zu retten, hat sie bis heute nicht verraten.

Fest steht nur, daß sie es nie bereut hat. Cäsar hatte tatsächlich eine gute Ausbildung und wurde schnell der Liebling der Anfänger. Er ist immer ruhig und duldet die Striegelversuche der Neulinge mit Würde.

Aufmerksam wird er erst, wenn das Hufesäubern beginnt. Er dreht seinen Kopf weit nach hinten und achtet sorgfältig darauf, daß nichts vergessen wird. Manchmal hebt er sogar einen Hinterfuß an, wenn Reiter rein zufällig vor seiner Box stehen und sich unterhalten.

Dann gucken Hanni und Frau Dreyerhaus sich an und lächeln.

Warum, das erzählen sie den anderen nicht. Sie würden es ja doch nicht verstehen.

Sommer mit Leila

Sie hieß Leila und war wie Sommerferien in
Dänemark.

Ihr warmes Fell hatte die Farbe der gemüt-
lichen braunen Holzhäuser in den Dünen, und
die Blesse auf ihrem Nasenrücken verlief so
unregelmäßig wie der weiße Saum der Brandung
an den Stränden von Jütland.

Die Kinder behaupteten, die Blesse sei früher

189

ganz gerade gewesen. Das fehlende Stück hätte
Leila sich regelrecht abschmusen lassen, so wie
man den Pelz an seinem Lieblingsteddy mit der
Zeit abkuschelt.

Wer Leila kannte, glaubte das mit dem Abschmusen sofort, denn zwischen Esbjerg und
Bornholm gab es wohl keine Stute, die so ver-
schmust war wie Leila.

Eigentlich hieß Leila Lotta, und das war ein
ehrlicher, dänischer Name, der wie angegossen
zu ihr paßte. Doch ihr Besitzer hatte schon eine
andere Lotta, und so nannte er die neue Lotta
Leila. Leila stand auf dem heimeligen Bauernhof
von Björn Valentinsson, wo deutsche Familien
Urlaub machen. Viele kannten Leila schon lange,
denn sie kamen jedes Jahr wieder.

Wenn die Kinder später zu Hause in der Schule
die Fotos von den Ferien in Dänemark herum-
zeigten, sagten manche Mädchen, denen die
Eltern teure Turnierpferde gekauft hatten, spöt-
tisch: „Was ist das denn für eine dicke Stute?"

Irritiert guckten die Mädchen dann noch einmal auf das Bild von ihrer Leila. Was sie sahen,
war keine Stute mit rundem Bauch – sie sahen
weiches Fell, das in der Mittagssonne glänzte,

zwei liebe Augen und eine leichte Sommerbrise
in der schwarzen Mähne, sie rochen den Duft von
frischem Heu und Heckenrosen und Dünengras,
sie spürten den Geschmack von sahnigem Vanil-
leeis und Erdbeerjoghurt auf der Zunge und
dachten an warme Abende am Lagerfeuer neben
den Weiden.

Schweigend packten sie dann ihre Fotos wieder ein und entschuldigten sich im Geiste bei
Leila für die dummen Mitschülerinnen. Was
wußten die schon, wie schön es bei Björn Valentinsson war?

Bei Björn Valentinsson konnte man den ganzen
Tag reiten – jedes Pferd, das man mochte. Nur
wenn die Mädchen vor Leila standen und bettel-
ten: „Einmal auf Leila, bitte, Herr Valentinsson ...", nahm der bedächtig seine Pfeife aus dem
Mund und sagte: „Nein!"

Er erklärte den Mädchen auch, warum. Leila
war noch nie geritten worden. Da konnte man
sich nicht einfach draufsetzen und losreiten.

„Man legt erst mal eine Decke drauf", sagte Herr
Valentinsson, „um sie daran zu gewöhnen, daß
etwas auf dem Rücken liegt, vor dem sie keine
Angst haben muß. Nach einigen Tagen versucht

man es mit dem Sattel, aber ohne Gurt. Dann
zieht man den Gurt leicht an, und nach einigen
Wochen darf ein ganz leichter Reiter für fünf
Minuten in den Sattel."

Aber Leila sollte noch gar nicht geritten werden. Sie war die Zuchtstute auf dem Hof und
hatte Bauer Valentinsson jedes Jahr ein prächtiges Fohlen geschenkt.

Auch in diesem Frühjahr war zuerst alles nach
Plan gelaufen. Im Mai war Leilas kleines Hengst-
fohlen geboren worden. Doch schon nach einigen
Tagen hatte es sich kaum noch bewegt, die
Gelenke waren warm geworden, das Fieber war
auf fast 40 Grad gestiegen.

„Fohlenlähme", hatte der Tierarzt, der Leila seit
Jahren kannte, bedrückt gesagt. „Ich kann nichts
mehr tun."

Leilas Hengstfohlen war nicht zu retten gewesen. Als sie es Leila wegnahmen, wieherte die
Stute verzweifelt, bis ihre Stimme nur noch ein
heiseres Krächzen war. Der freundliche, ruhige
Ausdruck in ihren Augen war einer entsetzten
Hoffnungslosigkeit gewichen. Auf der Weide son-
derte sie sich von den anderen ab und starrte
stundenlang vor sich hin. Leila trauerte. Und

Björn und alle Ferienmädchen trauerten mit ihr.

„Wir können ihr jetzt nicht helfen", sagte Björn Valentinsson, „sie muß allein damit fertig werden. Es wäre gut, wenn sie ein anderes junges Tier zum Bemuttern hätte, aber in unserer Nachbarschaft gibt es im Moment keines."

In Wirklichkeit machte sich Björn viel größere Sorgen, als er den Mädchen zeigte. Manche Stuten erholen sich nie wieder davon, wenn sie ein Fohlen verlieren.

Um die Kinder abzulenken, wollte Herr Valentinsson mit ihnen in einen Freizeitpark fahren. „Traust du dir zu, allein auf dem Hof zu bleiben?" fragte er Valerie.

Die dreizehnjährige Valerie war erst vor ein paar Tagen angekommen und sollte sich nach einer schweren Lungenentzündung sechs Wochen lang in Dänemark erholen. Sie war noch sehr schwach und durfte sich nicht anstrengen.

Valerie nickte. „Kein Problem", sagte sie, „ich lese so lange, bis ihr wiederkommt."

Irgendwann am Abend wurde es Valerie dann aber doch zu langweilig. Sie beschloß, Leila zu besuchen. In der Box war die Stute nicht, sicher war sie wie üblich weit nach draußen auf die

Weide gegangen. Herr Valentinsson hatte einen Offenstall, und die Pferde konnten nach Lust und Laune herein- und hinausgehen. Hinter den Ställen schloß sich eine riesige Weide an.

Valerie kniff die Augen etwas zusammen, um besser sehen zu können. Keine Spur von Leila. Seufzend machte sich Valerie auf den Weg quer über die Wiese. Sicher hatte Leila sich wieder in die letzte Ecke verkrochen!

Als Valerie endlich am anderen Ende der Weide ankam, war sie total erschöpft. Das Gehen auf dem unebenen Boden war anstrengend gewesen. Sie hatte die Größe der Weide unterschätzt. Diese blöde Krankheit saß ihr doch noch in den Knochen. Nur einen Augenblick ausruhen!

Valerie lehnte sich gegen den Stamm einer dicken Weide. Durch die beginnende Dämmerung fiel ihr Blick zurück auf den Hof. Wie weit das Haus von dieser Stelle der Weide entfernt war! Der Weg zurück, die gesamten drei Kilometer – das kam Valerie plötzlich wie eine unüberwindliche Hürde vor.

Es war kühl geworden, wie immer nachts am Meer. Valerie fröstelte. Sie durfte sich auf keinen Fall wieder erkälten, das hatten ihre Eltern ihr

eingeschärft. Daran dachte sie jetzt, und je mehr
sie daran dachte, desto stärker fror sie. Immer
wieder maß sie mit ihren Blicken die Entfernung
zum Hof. Jedesmal schien ihr die Strecke länger
und unüberwindlicher zu sein.

Panische Angst kroch in ihr hoch. Sie würde es
nicht zurück schaffen. Und die anderen würden
erst um Mitternacht wieder dasein...

Jetzt fingen auch noch ihre Knie zu zittern an,
und vor ihren Augen tanzten schwarze Punkte.
Langsam ließ sich Valerie am Baumstamm hin-
abgleiten. Sie schlang ihre Arme um die Schultern, um sich zu wärmen, aber das Zittern hörte
nicht auf.

Leila hatte die ganze Zeit nur wenige Meter
abseits hinter ein paar Büschen gestanden. Sie
zog sich jetzt immer dahin zurück, wenn sie
Menschen sah. Sie wollte in Ruhe gelassen werden. Doch diesmal fühlte sie, daß sie eingreifen
mußte. Sie hatte genug Fohlen gehabt, um zu
wissen, daß man etwas Kleines, Zitterndes zum
Aufstehen auffordern muß.

Valerie hätte vor Erleichterung am liebsten los-
geheult, als sie Leila herankommen sah. Die
Stute beschnupperte das Mädchen ausgiebig und

stupste das Menschenfohlen dann herausfordernd mit der Nase an: Los, steh auf! Und als Valerie es endlich geschafft hatte, drückte Leila ihren warmen Nasenrücken gegen Valeries Schultern.

Valerie schob ihre kalten Hände unter Leilas dichte Mähne. Wenn Leila doch schon angeritten wäre, dann könnte sie sie zurücktragen! Aber so?

Leila blieb regungslos neben dem Mädchen stehen. Diesen dünnen, kleinen Menschen durfte sie nicht mehr aus den Augen lassen, das spürte sie.

Valerie beschloß, es zu versuchen. So gut es ging, zog sie sich an Leilas Mähne hoch und legte sich bäuchlings über den Rücken der Stute.

Verwirrt machte Leila einen Schritt zur Seite. Was war da oben los? Doch sie spürte instinktiv, daß von der zierlichen Reiterin keine Gefahr drohte. So duldete die Stute es schließlich, daß Valerie ein Bein über ihren Rücken schwang und sich aufrichtete.

Behutsam trug Leila das kranke Mädchen zurück in den Stall, und mit jedem Schritt wuchs bei der Stute die Zuversicht, daß sie ein neues Junges zum Bemuttern gefunden hatte.

Als die Kinder spätabends von ihrem Ausflug zurückkamen, war die fröhliche Stimmung auf einen Schlag dahin, als man Valerie nicht in ihrem Zimmer fand. Sofort schwärmten die Kinder auf dem Hof aus, um sie zu suchen. Herr Valentinsson lief mit zwei Mädchen in den Stall.

Der Anblick, der sich ihnen bot, ließ alle drei spontan stehenbleiben: Leila lag in ihrer Box, und im Stroh neben ihr kauerte Valerie. Vor Erschöpfung war das Mädchen eingeschlafen. Leilas warme Nase war in Valeries Halsbeuge gedrückt. Als die anderen hereinkamen, hob Leila nur ein wenig den Kopf.

Björn wußte nicht, was vorgefallen war, aber er erkannte sofort, daß Leilas Augen wieder ihren alten Glanz hatten. Dazu kam jetzt der Ausdruck absoluter Aufmerksamkeit: Das schlafende „Ersatzfohlen" durfte bloß nicht aufgeweckt werden!

„Das ist ja wie Weihnachten", flüsterte eines der Mädchen.

Björn beugte sich zu seiner Stute hinab und strich ihr über die Blesse.

„Ja", wiederholte er dann leise, „das ist wirklich wie Weihnachten – und das mitten in den Sommerferien."

197

Ibykus schlägt Supermann

„Nimm mal den Ibykus." Der Reitlehrer teilte Jimmy S. Redford den schwarzen Wallach zu.

Jimmy S. verzog das Gesicht. „Schon wieder! Der geht ja nicht vorne. Ich will mal vorne sein, you know."

Verzogenes Millionärskind, dachte der Reitlehrer ärgerlich.

Jimmy S. war sechzehn Jahre alt und derzeit für ein Jahr als Austauschschüler in Hamburg. Seit er vor einigen Wochen in der Reitschule aufgetaucht war, nervte er alle mit seinen Storys aus Kalifornien und damit, was für ein toller Reiter er sei und daß „in the States" völlig anders geritten werde. Viel lässiger eben, „you know". Überhaupt müsse man alles ganz „easy" sehen, auch pferdemäßig. Er würde überall, wohin er käme, reiten, und immer die Pferde des Landes, und er sei weiß Gott schon viel herumgekommen. So auf Anhieb, sagte Jimmy S., fielen ihm zum Beispiel die Inseln unter dem Winde ein und die Hochebenen von Peru, und die Urwälder von Sumatra und die Schneeberge von Grönland, you know.

Und als Katja gefragt hatte: „Was hast du denn in Grönland geritten – Eisbären?", hatte er beleidigt geantwortet, die deutschen Girls seien doch sehr kindisch. Auch Wiebke hatte bei ihm verspielt, seit sie ihn gefragt hatte, ob die Abkürzung S. vor seinem Nachnamen eine Abkürzung für „Supermann" sei …

Nun sollte Jimmy Supermann also wieder

Ibykus reiten und war nicht begeistert darüber, obwohl sich das eigentlich gehört hätte.

Verständnislos sahen Katja und Wiebke den Jungen an. Sie und die vielen anderen Iby-Freunde im Stall machten jedesmal vor Freude einen Luftsprung, wenn sie den freundlichen Rappen zugeteilt bekamen. Gut, man konnte nicht behaupten, daß Ibykus übermäßig mutig war. An der Spitze einer Abteilung ging er im Gelände zum Beispiel höchst ungern. Eigentlich nie. Mehr als drei Minuten konnte man ihn kaum vorne halten. Dann quengelte Ibykus so lange, bis er wieder einen Platz hinter einem abgeklärten, alten Schulpferd gefunden hatte. Selbst wenn seine besten Freunde im Sattel saßen, mochte er nicht vorne gehen.

Der Chef meinte, das mache nichts aus, Pferde seien eben genauso unterschiedlich wie Menschen.

Eine halbe Stunde lang hatte Jimmy S. dem Chef nun in den Ohren gelegen, daß er unbedingt an der Spitze reiten wollte – bis der Chef schließlich nachgab.

„Okay", sagte er, „dann geht Tanja mit Lammert an zweiter Stelle, und wenn Iby vorne Theater

macht, kann Tanja die Spitze übernehmen."

Katja beeilte sich, noch vor Jimmy S. in Ibys Box zu kommen. Liebevoll kraulte sie dem Rappen den Nasenrücken mit der Blesse, in die sich oben ein kleiner, schwarzer Punkt verirrt hatte.

„Leider habe ich diese Woche kein Geld für Reitstunden", flüsterte sie ihm bedrückt zu. „Darum mußt du heute mit diesem Angeber ins Gelände gehen. Aber ab Montag geht's wieder los mit uns beiden."

Skeptisch sahen die zurückbleibenden Mädchen zu, wie die kleine Reitergruppe den Hof verließ.

Katja kroch unter dem Gatter hindurch und ging wie zufällig über die Weide in Richtung Reitweg. Natürlich hatte sie dort gar nichts zu tun, aber sie tat so, als würde sie ein verlorenes Halfter suchen. Schließlich wollte sie Ibykus im Auge behalten.

Jimmy Supermann kam ärgerlicherweise mit Iby an der Spitze ganz gut klar. Zumindest, solange er in der Nähe der Reitanlage war. Am Paddock ging der Rappe problemlos vorbei, auch am Strohlager klappte alles noch gut, und sogar auf dem kleinen Pfad an der Dreiecksweide ent-

lang bis hin zum Springplatz, wo der Reitweg scharf nach rechts in den Wald abbiegt, machte Iby alles mit.

Jimmy S. kam sich jetzt wirklich wie Supermann vor. „Los, wir machen schon mal einen Galopp!" rief er nach hinten und galoppierte auch sofort los.

„Mann, spinnst du, doch nicht vor der Kurve!" Tanja versuchte, ihren Friesen Lammert im Schritt zu halten, damit nicht die ganze Abteilung unruhig wurde.

Jimmy S. war nur einige Galoppsprünge weit gekommen, da passierte es: Von einer Sekunde zur anderen rammte Ibykus seine Hufe in den Boden, nicht bereit, auch nur einen Zentimeter weiterzugehen. Natürlich hatte Super-Jimmy nicht damit gerechnet und flog fast über Ibys Hals nach vorne.

„Come on, nun komm schon, du lausiges Pferd!" Wütend schlug Jimmy Supermann mit der Gerte auf Ibykus ein. Ohne Erfolg. Ibykus wurde nur widerwilliger, ging sogar ein paar Schritte zurück.

„Paß doch auf, du rennst ja in Lammert hinein", schimpfte Tanja hinter Jimmy S. Sie trieb ihren

Friesen vorwärts. „Ich probier mal, ob Lammert vorne geht, dann kommt Ibykus bestimmt hinterher." Fehlanzeige. Auch Lammert dachte gar nicht daran, den Führer zu machen, obwohl das sonst seine Spezialität war.

„Das gibt es doch gar nicht, er *muß* vorwärts gehen!" Voller Ärger versuchte Jimmy, den Wallach in die Schraubzwinge seiner Beine zu nehmen und vorwärts zu treiben. „Typisches Mädchenpferd. Verwöhnt ohne Ende, you know."

Wieder schlug Jimmy S. Ibykus mit der Gerte. Doch fünfhundert Kilogramm Muskelmasse stemmten sich gegen den Reiter. Der stämmige Rappe drängte zur Seite, immer weiter weg vom Reitweg.

Ibykus war dem Jungen kräftemäßig absolut überlegen. Jimmy S. wußte es, und Ibykus wußte es auch.

Ob Ibykus die Bedrohung gewittert hatte mit seinem untrüglichen Sinn für Gefahren oder ob er gesehen hatte, was hinter der Kurve los war, weiß keiner. Aber durch seine standhafte Weigerung, um die Ecke zu gehen, verhinderte der sensible Wallach ein schreckliches Unglück...

„Ich sehe mal nach, was sich hinter der Kurve tut", bot Katja an, die der Gruppe zu Fuß über die Wiese gefolgt war.

Als Katja nach wenigen Minuten zurückkam, war sie ganz weiß im Gesicht. Sie winkte der Abteilung mit beiden Armen, zurückzugehen.

„So eine Unverschämtheit." Ihre Stimme zitterte vor Wut. „Da haben irgendwelche Idioten eine riesige Fallgrube ausgehoben. Mitten auf dem Reitweg." Sie zeigte mit der Hand in den Wald. „Voll getarnt mit Zweigen und Ästen. Und daneben alles übersät mit Glasscherben!"

„Also zurück." Jimmy Supermann gab sich ganz cool und machte eine Kehrtwendung in Richtung Reitstall. „Schätze, es wird in der Halle weitergehen."

Der Reitlehrer wurde mindestens so blaß wie Katja, als er die Geschichte von der Fallgrube hörte – und wie Ibykus alles vorausgeahnt hatte. Nicht auszudenken, was passiert wäre, wenn Ibykus nicht so einen einmaligen Sinn für die Gefahr gehabt hätte!

„Geht mal in die Halle, wir machen jetzt drinnen Unterricht", rief er der Reitergruppe zu.

„Halt, du nicht!" Als Ibykus an ihm vorbeikam,

bedeutete der Reitlehrer Jimmy S. mit einer Kopfbewegung, abzusitzen. Als der Junge abgestiegen
war, öffnete der Reitlehrer die Schnallen des Sat-
telgurtes und ließ den Sattel vorsichtig von Ibys
Rücken gleiten.

„Ihr könnt ihn auf die Wiese am Teich bringen",
sagte er zu den Mädchen. „Ibykus hat den Rest
des Tages frei. Das ist wohl das mindeste, was wir
ihm an Dank schulden."

„But why – warum denn?" wollte Jimmy S.
erstaunt wissen. „Er hat doch noch gar nichts getan heute."

„Er hat dir heute das Leben gerettet, Supermann", sagte der Chef, und er betonte jedes einzelne Wort, „nicht mehr und nicht weniger. You
know ..."

Ein kleines bißchen Zärtlichkeit

Der braune Westfale zog seinen Körper wie eine Ziehharmonika zusammen, bis er nur noch halb so lang wirkte. Das konnte er gut, denn die Übung „sich unsichtbar machen" gehörte zu seinem persönlichen Überlebensprogramm. Wenn er regungslos in der Ecke seiner Box stand, konnte er hoffen, daß seine Besitzerin ihn übersah und daß ihm die tägliche scheußliche Rückenschmerz-Stunde erspart blieb.

Um ehrlich zu sein – bisher war er noch nie um das Training für die nächste L-Dressur herumgekommen. Aber er hatte das Gefühl, daß er seine Reiterin zumindest länger aus seiner Box fernhielt, wenn er unter der Tarnkappe verschwand.

Das war nicht immer so gewesen. Als sie ihn als Dreijährigen gekauft hatte, hatte Herbie alles versucht, sie zu seiner Freundin zu machen. Ja, er hatte sich richtig gefreut, wenn sie seine Boxentür geöffnet und ihm Gesellschaft geleistet hatte. Jedesmal hatte er ihr seinen Kopf entgegengestreckt, sie freundlich mit seinen Nüstern beschnuppert und seine Backen an ihrem Arm gerieben. Doch statt Streicheleinheiten hatte es immer einen schmerzhaften Schlag auf die Nase oder gegen die Brust gegeben.

„So etwas fangen wir gar nicht erst an", hatte sie gesagt, „ein erstklassiges Dressurpferd hat nicht herumzualbern."

Da war der Westfale immer stiller geworden, und schließlich war er dazu übergegangen, die meiste Zeit des Tages bedrückt in seiner Box zu stehen, den Blick nach innen gerichtet. Menschen können grausam sein...

Dabei wollte der Westfale doch nur ein bißchen

Zärtlichkeit! Was das genau war, wußte er zwar nicht, aber er hatte das Wort früher einmal gehört. Es klang so gut und erinnerte ihn an die Schmusestunden mit seiner Mutter.

Letzten Sommer, auf einem Turnier, hatte er eine Ahnung davon bekommen, was das Wort bedeuten könnte. Da war ein Mädchen mit seinem Pferd gewesen, und Herbie hatte die beiden beobachtet. Beim Putzen hatte der Fuchs den Kopf weit nach vorn gestreckt, die Augen waren halb geschlossen gewesen. Genußvoll hatte er sich die Lippen geleckt, und das Mädchen hatte ihm die Mähne gekrault und „mein Freund" zu ihm gesagt.

Das mußte Zärtlichkeit sein! Davon träumte Herbie, wenn er am Wochenende stundenlang in seinem stickigen Transporter über die Autobahn zum nächsten Turnier gefahren wurde.

Herbies enge Welt war unerfreulich, aber immerhin geordnet. Doch heute schien sie total aus den Fugen zu geraten...

Der Pferdehänger hatte ihn vor zwanzig Minuten in einen fremden Stall gebracht. Von einem unbekannten Blonden mit Schnurrbart war er in

diese Box geführt worden. Links eine große Schimmelstute, die ihn energisch anwieherte, rechts ein breiter, schwarzer Wallach, der gegen die Boxenwände schlug. Wohl, um ihn zu vertreiben. Herbie beschloß, nicht zu reagieren und weiter „unsichtbar" zu verharren.

Ein Lichtblick, daß seine laute, unsensible Reiterin bisher noch nicht aufgetaucht war!

Herbies Stimmung wäre schlagartig rosiger geworden, hätte er gewußt, daß er sie für immer los war. Heute morgen hatte sie ihn an die Reitschule verkauft. Sie hatte sich scheiden lassen und brauchte Geld. Der Westfale war ihr jetzt lästig geworden und mußte weg.

Der große Blonde mit dem Schnurrbart war Herbies neuer Chef, denn ihm gehörte die Reitschule. Jetzt erschien der Blonde gerade auf der Stallgasse und holte Herbie zu seiner ersten Teststunde heraus.

Der Westfale kannte die Kommandos im Schlaf: im versammelten Galopp aus der Ecke kehrt, Schlangenlinien mit einfachem Galoppwechsel beim Durchreiten der Mittellinie. Die gute alte Fünf-Minuten-Dressur aus dem gelben Aufgabenheft.

„Na, wie war er?" fragten die Mädchen erwartungsvoll, als der Chef Herbie in den Stall zurückbrachte.

Der Blonde wiegte den Kopf. „Der Westfale kann alles, aber er ist viel zu scharf geritten worden."

„Woran merkt man das denn?" erkundigte sich Lena.

Herbie war unter seiner Tarnkappe hervorgekommen. Interessiert lauschte er auf die Antwort. Konnte sein neuer Chef hellsehen?

Der Blonde nannte haargenau die Punkte, die Herbie bei seiner alten Besitzerin das Leben so schwergemacht hatten. Sie hatte ihm nie Zeit gelassen, sich im Schritt zu dehnen. Sie hatte es wie viele der anderen Turnierreiter gemacht: sofort die Zügel kurz, Kopf an die Brust ziehen und los. Soweit Herbies Erinnerung reichte, hatte ihm immer sein Genick weh getan, und die Schmerzen waren über die Schultern bis in den Rücken gekrochen. Er hatte gefühlt, daß das nicht harmonisch aussehen konnte, und darum hatte er sich bei den Turnieren gewundert, daß die Richter für das Zusammenknebeln auch noch gute Noten gegeben hatten.

„Am langen Zügel gehen – das kennt er gar nicht", hörte er den großen Blonden fortfahren, „er fühlt sich unsicher und kriegt Angst, wenn man die Zügel hingibt."

Zuversichtlich kraulte der Mann dem schönen braunen Wallach die Mähne.

„Aber das kriegen wir schon hin, mein Junge. Etwas Geduld, etwas Ruhe, etwas Behutsamkeit beim Reiten, dann wird's schon."

In Herbies Kopf arbeitete es. Mähne kraulen, „mein Junge" – war das nicht fast so etwas wie „mein Freund"???

Es war so viel Neues, das auf ihn einstürmte: fremde Reiter und unbekannte Pferdekollegen, der Hafer schmeckte anders, die Box war ungewohnt offen, das Putzen dauerte länger und war angenehmer als früher. Katharina und Lena holten ihn oft nach draußen und sprachen sanft und leise mit ihm.

Der Westfale begann, die Pflegestunden in der Sonne zu genießen. Erst hatten ihn die streichelnden Hände im Gesicht verwirrt, aber dann merkte er, daß Nasenrückenkraulen und Augenstreicheln sich ungeheuer gut anfühlten. Und wenn Lena fragte: „Geht's dir gut, mein Freund?"

senkte Herbie den Kopf und schnaubte leise.

Saß aber jemand im Sattel, fiel ihm das Entspannen immer noch schwer. Herbie traute sich einfach nicht, den Kopf nach vorn und unten zu strecken. Sein steifer Trippelschritt verriet, daß er nur den kurzen, harten Zügel gewöhnt war.

Zwischen den Unterrichtsstunden durfte Katharina ihn oft eine Stunde lang im Schritt reiten, um ihn an den langen Zügel zu gewöhnen. Mitunter schauten dabei erwachsene Reitschüler zu, die den Chef auf Herbie bei makellosen Galoppwechseln gesehen hatten. Sie blickten kritisch auf das Mädchen, das nichts anderes tat, als sich einfühlsam zu bemühen, Herbie Runde um Runde im schönen Schritt vorwärts zu reiten. Manchmal traute der Westfale sich jetzt schon, den Kopf vertrauensvoll zu senken. Aber nur für wenige Meter, dann riß er ihn gleich wieder hoch und suchte den kurzen Zügel.

„Da muß einer drauf, der eine anständige L-Dressur reiten kann", bemerkten die Zuschauer dann in Richtung Chef, um sich wichtig zu machen. Doch wenn sie ihn beifallheischend ansahen, schüttelte der Chef nur den Kopf.

„Was der Westfale im Moment braucht", sagte er

nachdrücklich, „ist viel liebevolle Zuwendung."

„Aber man kann doch keine ganze Reitstunde im Schritt verplempern", protestierten die Reitschüler. „Schließlich will man doch auch seine Freude haben; im Galopp und so."

„Wer die Pferde wirklich mag", antwortete der Chef, „der freut sich darüber, wenn ein verspanntes Pferd sich nach einer Stunde im Schritt endlich löst – mehr als über zwanzig gelungene Galoppwechsel."

„Eine Stunde Schritt gehen – das kann doch keiner verlangen." Die Erwachsenen sträubten sich.

„Nein", sagte der Reitlehrer, und es klang, als ob er mehr zu sich selber spräche. „Verlangen kann das keiner. Ob man seinem Pferd eine schöne Stunde schenken will, das ist wohl mehr eine Sache des Charakters."

Er zwinkerte nicht einmal dabei wie sonst so oft. Diesmal meinte er es ernst.

Dacapo findet einen Freund

Ja, im Sommer, da war es noch schön gewesen,
als Monika und die anderen jeden Tag bei ihm
draußen gewesen waren. Aber jetzt waren die
Ferien zu Ende, und wenn die Mädchen endlich
mit den Schularbeiten fertig waren, dämmerte es

schon. Mit ihm um den Block zu gehen, das war
dann zu gefährlich.

Dacapo, der kleine Arabo-Haflinger, starrte
sehnsüchtig zur Wiese nebenan. Da vergnügte
sich die ganze Pferdeherde, und er mußte
draußen bleiben.

Auf dem kleinen Sandplatz neben dem Teich
hatte man ihm einen kleinen Auslauf abgeteilt.
Das war nicht schlecht, schließlich konnte er die
anderen Pferde über den Zaun beschnuppern.

Aber verglichen mit seinem alten Leben war es
natürlich öde. Er hatte immer auf einer dieser
herrlichen saftiggrünen Wiesen gestanden, wo
das erste Gras im Frühjahr so köstlich schmeckt,
daß man mit dem Fressen gar nicht mehr aufhören kann.

Auch dieses Jahr hatte er voller Genuß Grasbüschel für Grasbüschel in sich hineingestopft –
bis… ja, bis diese schrecklichen Schmerzen in
seinen Hufen gekommen waren. Plötzlich hatte
er nicht mehr stehen können. Nicht mal hinlegen
hatte er sich so wie früher können. Es war nur
noch auf der Seite gegangen, mit weggestreckten
Beinen wie ein Fohlen.

Als sein Besitzer ihn eines Morgens so gefun-

den hatte, hatte er „Verdammt, Hufrehe!" gemur-
melt und ihn in einen fremden Stall gebracht, wo
er dann lange im Sägemehl liegen mußte. Im Liegen waren die Schmerzen nicht so schlimm
gewesen. Doch daß er nicht aufspringen und
weglaufen konnte, wenn er ein Geräusch hörte,
das war schrecklich gewesen. Nicht fliehen zu
können, das ist das schlimmste für ein Fluchttier.

Dacapo hatte sich immer minderwertiger gefühlt. Hatte sich jemand seinem Lager in der Box
genähert, war sein ausdrucksvolles Gesicht zu
einer einzigen Bitte geworden: „Tu mir nichts!"

„Da kann nur Pfeffer helfen!" hatte der Stallbesitzer schließlich gemeint. Herr Pfeffer war dieser
tolle Schmied, der sich mit Hufrehe auskannte.
Er war gekommen und hatte Dacapo Spezialeisen
unter die Hufe geschlagen. Das war eine richtige
Erleichterung gewesen!

Immerhin durfte Dacapo jetzt schon wieder
nach draußen. Und diese Minikoppel am Teich
war ja gar nicht so schlecht, abgesehen davon,
daß es kaum Gras gab.

Wenn Dacapo versuchte, seinen Kopf unter
dem Zaun hindurchzustecken, um an die duften-
den Halme und Kräuter auf der anderen Seite zu

gelangen, sagte Monika jedesmal dasselbe: „Du darfst kein frisches Gras mehr fressen, Kleiner."

Daß ausgerechnet zuviel von dem saftigen, eiweißreichen Grün schuld an seiner Krankheit gewesen war, konnte er ja nicht wissen.

Doch das war nicht der einzige Grund, warum Dacapo nicht zu den anderen Pferden durfte.

„Im späten Sommer", hatte der Stallbesitzer den Mädchen erklärt, „kann man kein fremdes Pferd in eine Herde mit eingespielter Rangordnung stellen." Wilde Kämpfe mit gefährlichen Verletzungen könnten stattfinden, um den Neuen unterzuordnen.

Dabei war Dacapo bereit, sich sofort jedem unterzuordnen. Durch seine lange Krankheit war er völlig unsicher geworden. Dacapo hätte sich so gern einen Freund zum Fellkraulen in der Herde auf der Wiese nebenan gesucht, doch das schien für dieses Jahr aussichtslos.

Daß der kleine Fuchs in diesem Sommer doch noch zu einem Freund kam, verdankte er eigentlich einem Schäferhund.

Von einer Sekunde zur anderen herrschte eines Vormittags große Aufregung auf der Wiese:

Ein fremder Hund war durch ein Loch im Gatter geschlüpft und jagte die Pferde laut kläffend vor sich her! Voller Panik flohen die Tiere an den Zaun. Tipo, der wendige schwarze Traberwallach, sprang in seiner Angst sogar gleich über die Absperrung hinweg – und plötzlich stand er Dacapo gegenüber!

Erschrecktes Schnauben bei beiden. Nach Pferdeart steckten Tipo und Dacapo zum Kennenlernen die Nüstern zusammen. Kurzes Beschnuppern – und Tipo biß dem Unbekannten blitzschnell in den Hals.

Sicherheitshalber! Haflinger konnte er noch nie leiden. Zu langsam und schwerfällig. Außerdem gehörte dieser nicht zur Herde. Der sollte sich bloß nicht einbilden, einen Rang über ihm einnehmen zu können. Er, Tipo, war bekannt dafür, daß er der Schnellste war, wenn es um Bisse in den Hals ging. Das wollte er diesem Dacapo auf Wunsch gern noch einmal demonstrieren...

Doch Dacapo wollte gar nicht um die Rangordnung kämpfen. Er war glücklich, daß überhaupt einer von „drüben" zu ihm gekommen war. Sofort senkte er den Kopf und klappte die Ohren

seitlich ab. Das hieß in Pferdesprache: „Okay, ich ordne mich unter." Seinetwegen konnte der kleine Traber-Raufbold den Platz über ihm in der Herde haben. Dacapo wollte nur endlich dazugehören und in Ruhe leben.

Doch Tipo war noch nicht zufrieden. So schnell konnte doch kein anständiges Pferde-Mannsbild aufgeben!

Mal sehen, wie schnell der andere war! Tipo drängte Dacapo Richtung Teich, und kaum stand er mit den Vorderhufen drin, ging ein wildes Gejage los. Rein in den Teich, im Galopp zwischen den beiden Birken hindurch, die eigentlich viel zu eng stehen für einen Pferdekörper, raus aus dem Teich, über die beiden Bahnschwellen springen, wieder rein in den Teich, im Galopp zwischen den beiden Birken hindurch, raus aus dem Teich ...

Tipos Achtung wuchs. Das war ja keiner von den normalen, langweiligen Hafis, die er durch die Reithalle zu jagen pflegte! In diesem hier steckte ja richtig Feuer! Endlich ein Kumpel, wie er ihn schon lange gesucht hatte!

Von jetzt ab nutzte Tipo jede Gelegenheit, aus dem Stall oder von der Wiese auszubüxen. Er

stand Schmiere, wenn Dacapo von seinem Lieblingsbusch am Teich naschte. Am liebsten aber rasten die beiden hintereinander zwischen den viel zu engen Birken hindurch. Nie ging das ohne Schrammen ab, und die Pflegemädchen wunderten sich, wo Tipo sich auf der baumlosen Weide solche tiefen Kratzer holen konnte.

Tipo war raffiniert genug, immer rechtzeitig zum Füttern mit den anderen Pferden im Stall zu erscheinen, so daß seine Ausflüge unentdeckt blieben.

Nur der tolle Schmied, der bei seinen regelmäßigen Stallbesuchen nach dem Hufrehepferd sehen wollte, überraschte die beiden neuen Freunde eines Tages bei ihrer Jagd durch die Birken. Da gab er dem Stallbesitzer einen Tip, und abends waren schon die Boxen getauscht worden, so daß Tipo, der Einzelgänger, jetzt neben Dacapo, dem Einzelgänger, stand.

Da strahlte Dacapo übers ganze Gesicht, obwohl manche Pferdefachleute behaupten, daß Pferde gar nicht erfreut aussehen können – aber wen kümmert schon das Expertengeschwätz, wenn man in ein Pferdegesicht guckt, das so glücklich aussieht wie das von Dacapo?

Dixie entdeckt die Welt

Die Pferde im Stall wußten es lange vor den Menschen, daß die Stunde nahte. Keiner der Wallache und keine der Stuten legte sich an diesem Abend wie sonst nach der letzten Reitstunde zum Ruhen ins Stroh. Zwanzig Paar Pferdeohren versuchten aufmerksam spielend die ungewohnten Töne einzuordnen, die aus der Box mit der tragenden Stute drangen.

Selbst als die Mädchen mit dem abendlichen

Hafer gekommen waren, verharrten Fleur und Marko, Rudi und Cindy, Hermann, Vincent und alle anderen Pferde mit erhobenen Köpfen und bebenden Nüstern vor ihren Futtertrögen und vergaßen fast das Fressen. Zu aufregend war der Geruch, den sie erschnupperten.

In dieser Nacht war alles anders als sonst.

Gina, die braune Stute, sollte ihr erstes Fohlen bekommen. Mehr als zwölf Jahre war es her, daß hier im Stall das letzte Fohlen geboren wurde; und keines dieser Pferde hatte das miterlebt. Trotzdem wußten sie alle instinktiv, daß heute ein Pferdejunges auf die Welt kommen würde.

Alle blieben hellwach. Es wurde einundzwanzig Uhr, zweiundzwanzig Uhr, dreiundzwanzig Uhr.

Der ganze Stall hielt Wache.

Dann endlich, kurz vor Mitternacht, kam aus Ginas Box ein kaum hörbares helles Wiehern. Und zwanzig Pferde antworteten wie aus einer Kehle. „Willkommen bei uns, Fohlen!" wieherten sie zurück.

Der Stallbesitzer sagte hinterher, das sei ihm richtig an die Nieren gegangen, wie selbst seine alten Schulpferde, die eigentlich gar nichts mehr

aus der Ruhe bringen konnte, das Fohlen so freudig begrüßt hatten, als sei es ihr eigenes.

Nun war sie endlich da, die Kleine. Liebevoll
hatte Mutter Gina ihr neugeborenes Stutfohlen
trocken geleckt, das nasse rotbraune Fell, die
kurze fuchsrote Mähne und die Stirn mit dem
winzigen Sternchen darauf. Die ersten Laute, die
Gina nach der Geburt von sich gab, waren nicht
vergleichbar mit allen anderen Sprachen der
Pferde. Das war eine Geheimsprache zwischen
Mutter und Fohlen, eine Liebeserklärung von
Gina an ihre erste Tochter, die nur die Kleine verstand.

Gleich am nächsten Tag durften sie zusammen
auf die Weide. Wie ein Gummiball hüpfte das
zierliche Fohlen neben seiner Mutter her. Was es
alles zu sehen gab da draußen!

Angst? Das war für die kleine Dixie ein Fremdwort. Mit großen Bocksprüngen tobte sie übers
Gras. Die Sonne malte tanzende Kringel auf die
Wiese, und ohne Scheu sprang das Fohlen mitten
hinein. Schön gemütlich warm war es in den Son-
nenkreisen!

Was war das? Da war sie über irgendwas ge-

stolpert. Sofort drehte Dixie eine Bocksprung-
runde zurück, um das Hindernis genauer zu be-
trachten. Aha! Wenn also so etwas Hölzernes im
Weg lag, machte man besser einen Bogen darum,
beschloß Dixie, als sie die Äste ausgiebig unter-
sucht hatte. Das braune Hölzerne gab nicht nach,
wenn man mit dem Fuß dagegentrat – anders als
die grünen Halme, auf denen sie stand.

Überhaupt dieses Gras! Verständnislos beobachtete das Fohlen, wie Mutter Gina unaufhörlich
ihren Kopf in dieses grüne Zeug senkte und
zufrieden daran kaute.

Natürlich versuchte Dixie, es genauso zu machen. Aber sie kriegte ihren Kopf einfach noch
nicht bis an den Boden, selbst wenn sie die Vorderbeine noch so sehr abknickte! Da blieb sie
doch lieber bei der bewährten Muttermilch. Immer wieder rannte sie zu Gina zurück, um zu
trinken, denn die Erkundungstouren waren ganz
schön anstrengend.

Jetzt kamen Ginas Besitzer auf die Weide. Die
Stimmen kannte sie schon, und ihren Geruch
auch. Sofort tobte Dixie auf die beiden zu. Wen
hatten sie denn da mitgebracht? Das Mädchen
war kleiner als die Erwachsenen, wahrscheinlich

ein fohlenähnlicher Zweibeiner. Leas langer Zopf im Nacken war sicher so etwas wie ein Schweif-Ersatz. Den konnte man prima mit den Lefzen langziehen, das machte richtig Spaß. Komisch, Dixie hatte dieses Mädchen noch nie gesehen, aber trotzdem kam ihr die Stimme bekannt vor. Kein Wunder – Lea hatte die Mutterstute in den letzten Wochen vor der Geburt geritten, als Erwachsene zu schwer für sie waren. Darum hatte das Fohlen sich schon vor der Geburt an Leas Stimme gewöhnt.

Mutter Gina warf nur einen kurzen Blick hinüber. Sie wußte, daß sie von Menschen nichts zu befürchten hatte und blieb ganz ruhig.

Aber bei Pferdekollegen, da sah Gina rot! Als am nächsten Tag auf der Nachbarweide andere Pferde erschienen, war sie außer sich vor Aufregung, versuchte ständig, ihr Fohlen mit dem Körper zu verdecken und vom Zaun wegzudrängen. Doch Dixie war schon raffiniert genug, ihr immer wieder zu entkommen. Sie wollte die Welt kennenlernen und fand es prima, daß es noch mehr Pferde in der Nähe gab.

Besonders nervös wurde Gina, wenn die anderen Pferde ihrem Fohlen zuwieherten. Das

war nicht nur reine Eifersucht, sondern ein Ur-
instinkt. Denn in den ersten drei Tagen muß das
Pferdejunge durch die Lautsprache der Mutter
auf sie geprägt werden. Erst nach dieser Zeit
erkennt das Fohlen seine Mutter über weite Ent-
fernungen wieder.

Stundenlang standen die Kinder der Reitschule
am Zaun und freuten sich über die Spiele des
Fohlens. Doch am dritten Lebenstag von Dixie
passierte etwas, woran sich heute keiner mehr
gern erinnert.

Mutter Gina wurde wie jeden Tag die zehn kurzen Meter von der Weide zur Box geführt. Das
Fohlen lief wie immer ohne Strick an der Schulter nebenher. Dann geschah es: Die Schimmelstute Fleur, die gerade draußen geputzt wurde,
entdeckte das Fohlen und wieherte ihm liebevoll
zu. Für Dixie wie eine freundliche Einladung
zum Kennenlernen! Sofort hüpfte sie von Mutters
Seite weg und auf Fleur zu. Was für eine schreckliche Situation für die Mutterstute! Voller Entset-
zen zerrte sie am Seil, versuchte, sich loszu-
reißen, um ihre Tochter vor der fremden Stute zu
verteidigen.

Da dröhnte zu allem Überfluß auch noch der wöchentliche Stroh-Lastwagen heran. Ginas Besitzerin traute sich nicht, die Stute jetzt vom Strick zu lösen, um das Chaos nicht vollkommen zu machen.

Von Panik ergriffen stieß Gina Drohlaute aus, dazwischen verzweifeltes Wiehern. Die Ohren waren flach angelegt, mit aller Kraft versuchte die Stute zu steigen, schlug wild mit den Vorderbeinen. Eine Mutter, die glaubte, man wollte ihr die Tochter wegnehmen!

Endlich hatte Lea Dixie an der Mähne gepackt und lief mit ihr zurück auf die Wiese.

Gina schnappte nach Luft, als sie wieder bei ihrem Fohlen war. Für die Menschen schien jetzt alles in Ordnung. Doch die Sache hatte die sensible Stute schwer mitgenommen. Eine Stunde später wälzte sie sich mit Krämpfen im Gras, das Fell naßgeklebt, schwer atmend: Die Aufregung hatte bei ihr eine Kolik ausgelöst!

Fassungslos starrte das Fohlen auf die keuchende Mutter am Boden, wußte nicht, was los war! Mit ihren Hufen, die noch so weich waren wie gestürzter Vanillepudding, stupste Dixie die Stute an, wollte sie zum Aufstehen bewegen...

Endlich kam der Tierarzt. Nach der rettenden Spritze erholte sich Gina schnell wieder, denn Gott sei Dank hatte sie eine robuste Natur. So war am übernächsten Tag schon alles vergessen, und die beiden durften wieder auf die Weide.

Als Dixie fast eine Woche alt war, gelang es ihr endlich, die Vorderbeine so weit einzuknicken, daß sie an das Gras herankam. Die ersten Zähne wuchsen auch schon, und das Abrupfen machte Spaß.

Noch toller war es aber, mit dem großen Friesenhengst Marko zu flirten. Sobald Dixie ihn auf der Nachbarweide entdeckte, galoppierte sie zum Zaun, guckte Marko herausfordernd an und schickte ein kurzes Wiehern hinüber, das Marko jedesmal aufgeregt erwiderte. Spätestens dann schubste Gina ihre Tochter vom Zaun weg. Keine acht Tage alt und schon flirten! Doch Dixie war immer schnell genug, um vor Mutters Standpauke dem großen Schwarzen noch rasch einen vorwitzigen Blick zuzuwerfen.

Noch eine Lieblingsbeschäftigung hatte Dixie: Gespräche zwischen ihren Besitzern und Fremden belauschen. Dabei tauchte nämlich immer

ein Wort auf, das sie zu ihrem Lieblingswort gemacht hatte!

Gerade erschien wieder so ein Unbekannter am Zaun. Einer von der Sorte, die niemals „Komm mal her, Fohli" rufen würde. Er guckte sie mißbilligend an.

„... also Dixie", sagte er energisch zu Dixies Besitzern, „das ist doch kein Name. Viel zu verspielt. Bei dem berühmten Vater hat das Pferd doch Anlagen, ein ganz großes Dressurpferd zu werden. Da wäre doch", fuhr die Stimme fort, „ein klassischer Name angebrachter, wie Diana oder Diva."

Und dann folgte die übliche Antwort ihrer Besitzer, das eigentlich Schöne an dem Gespräch. Dixie spitzte die Ohren, um ja dieses Super-Wort nicht zu verpassen.

„Dixie", hieß die Antwort, „haben wir bewußt ausgesucht. Der lustige Name soll schon zeigen, was wir mit unserem Fohlen vorhaben. Dixie muß nie auf Turniere gehen. Sie soll nur ein fröhliches Freizeitpferd werden..."

Fröhliches Freizeitpferd.

Das klang in Fohlenohren wie Musik!

Wenn Dixie ihr Lieblingswort gehört hatte,

machte sie noch drei, vier Bocksprünge, ließ sich
lang ins Gras fallen und schlief auf der Stelle ein.
Dann träumte sie von tanzenden Sonnenkrin-
geln, von ihrer fohlenähnlichen Freundin Lea –
und wußte irgendwie, daß sie ein wunderbares
Pferdeleben vor sich hatte.

Farina, die Stute aus dem Kollektiv

Wo in Lettland die Sanddünen der Ostsee in duftende Kiefernwälder und dann in weite Wiesen übergehen, lag das Kollektiv, in dem die kandiszuckerbraune Stute stand. Genaugenommen war es kein Kollektiv mehr, denn dieser Teil der ehemaligen Sowjetunion ist seit einigen Jahren nicht mehr kommunistisch – aber die riesigen Stallanlagen standen da wie eh und je und wurden genutzt wie immer.

„Prinzessin", hatte der alte Wladimir nach dem Zusammenbruch der UdSSR zu der schönen Zuchtstute gesagt, „Prinzessin, vielleicht geht es uns bald besser."

Der kleine Mann mit der grünen Schirmmütze meinte nicht das Futter. Das wächst in Lettland praktisch vor der Haustür. Aber Medikamente für die Pferde, neue Halfter, Steigbügel und Trensen gab es schon seit Jahren nicht mehr.

Der alte Wladimir war immer einer gewesen, der sich zu helfen wußte. Gab es keine Halfter, knüpfte er geschickt welche aus Bindfäden. Waren keine Salben für verletzte Pferdebeine zu bekommen, rührte er Umschläge aus Lehmerde an. Gegen Husten kannte er die besten Kräuter, aus denen er Tee zum Inhalieren kochte. Sein Rat war bei den jungen Pferdepflegern gefragt: „Wladimir, was hilft gegen Bindehautentzündung?" – „Wladi, kannst du mal nach dem Huf gucken?"

Das Wort „Wladimir" war das meistgebrauchte im Kollektiv. Die Prinzessin hob jedesmal den Kopf, wenn sie den vertrauten Namen hörte, und war zufrieden.

Der alte Mann kannte jedes einzelne Pferd mit Namen, obwohl es fast hundert waren. Mit jeder

Stute sprach er wie mit einer Freundin, und er
brachte die Namen von Ludmilla und Olga, von
Tatjana, Sonja und Anouschka nie durcheinander.

Seine große Liebe jedoch war die kandiszuckerbraune Stute, die er Prinzessin nannte. Oft
blieb er abends länger im Stall, um sie ausgiebig
zu putzen. Er freute sich darüber, wie ihr seidi-
ges Fell bei jedem Bürstenstrich in einer anderen
Farbe schimmerte. Der Ton wechselte von sanf-
tem Kastanienbraun über warmes Kandisgold bis
zu einem schwärzlichen Rotton, wie er für
polierte, englische Mahagonischränke typisch ist.

Die kandiszuckerbraune Stute sollte die Schönste im Stall sein. Jeden Monat zweigte Wladimir
für sie ein wenig Geld von seiner niedrigen Rente
ab. Das weich gepolsterte Halfter in leuchtendem
Grün, das er kürzlich in einer Pferdezeitschrift
gesehen hatte, das wollte er seiner Prinzessin von
dem Ersparten kaufen. Halfter sind sehr teuer in
Lettland, und darum mußte er ziemlich lange
sparen. Doch zum Kauf sollte es nicht mehr kommen.

Denn die Wende brachte nicht nur Gutes. Tier-
zuchtbetriebe, die sich nicht lohnten, wurden

geschlossen. Und Wladimirs Kollektiv gehörte dazu.

Es traf die Leute völlig unvorbereitet, als es eines Tages hieß: „Alle Pferde werden verkauft!"

Wladimir hatte viel mitgemacht in seinem Leben. Daß ihn etwas aus der Fassung bringen konnte, hatte noch nie jemand im Kollektiv erlebt. An dem Morgen jedoch, als sie seine Prinzessin holten, weinte er.

Bestimmt wäre Wladimir der Abschied leichter gefallen, hätte er gewußt, wie gut seine vierbeinige Freundin es treffen würde.

In ihrem neuen Stall am grünen Stadtrand von Hamburg waren alle voller Bewunderung für die große, edle Stute aus Lettland. Besonders ihr ungewöhnlich gut gepflegtes Fell mit dem schönen Farbspiel fiel jedem auf. Ein Name war schnell gefunden: Farina sollte sie heißen, weil sie die Farbe von braunem Farinzucker hatte.

Ruth, eines der Reitermädchen, war so begeistert von den schönen Braun-Nuancen in Farinas Fell, daß sie sich kurz entschlossen ihre Haare passend dazu färbte. Ruth war es auch, die gleich losging, um ein schickes Halfter für Farina zu kaufen. Eine schwierige Sache, denn alle norma-

len Halfter waren für die große Stute zu klein. Nur ein einziges paßte schließlich: Es war leuchtend grün und weich gepolstert.

Jeden Nachmittag eilte Ruth gleich nach der Schule in den Stall, um sich um Farina zu kümmern und sie mit der neuen Heimat vertraut zu machen. Angst schien die Stute eigentlich nicht zu haben, aber ihre Augen hatten einen etwas verlorenen Ausdruck. Sie mußte erst ihr seelisches Gleichgewicht wiederfinden. Im neuen Stall war ja auch alles ganz anders als zu Hause. Dort waren die Stuten frei in großen Laufställen gehalten worden, immer acht zusammen. In eine Einzelbox wie in Hamburg war Farina nur dann umgezogen, wenn sie ein Fohlen hatte. In so einer Box geputzt zu werden, das kannte sie nicht, und es machte sie sichtlich nervös. Draußen gab es dagegen keine Probleme. Darum nahm Ruth Farina sooft es ging zur Fellpflege mit auf den Hof.

Beim Putzen flüsterte Ruth alle russischen Wörter, die ihr gerade einfielen. Natürlich sprach Ruth ganz leise – für den Fall, daß ihr einer zuhören und sie für verrückt halten könnte. „Lenin, Puschkin, Jelzin." Und: „Solschenizyn,

Wolga, Wladiwostok." Und siehe da – bei „Wladiwostok" schien Farina jedesmal die Ohren zu
spitzen!

Selbstverständlich sprach Ruth mit keinem
darüber. Dabei hätte sie stolz auf sich sein können. Denn „Wladi" zu hören – das gab Farina ein
bißchen mehr Halt in ihrer neuen Welt.

Ein Stückchen mehr Sicherheit gewann Farina
auch bei ihren Ausritten durch das nahe Wald-
gebiet. Nicht, daß der Wald etwas Besonderes
gewesen wäre. Nein, aber der Duft der Kiefern-
nadeln und der helle Sand unter ihren Hufen
erschienen Farina angenehm vertraut.

Als ihr dann noch der nette Wallach Hermann
beim Fellkraulen seine Freundschaft anbot, war
die Welt für die Stute aus Lettland endlich wieder
im Gleichgewicht...

Übrigens: Sollte jemand von Euch je nach Lettland kommen, dahin, wo die Kiefernwälder in
weite Wiesen übergehen, und dort einen kleinen,
alten Mann mit grüner Schirmmütze treffen –
dann sagt ihm, daß es seiner Prinzessin gutgeht –
und daß sie ein leuchtendgrünes, weich gepol-
stertes Halfter trägt!

Nie mehr ohne Jeronimo

„Die Hauptsache", hatte Willi gesagt, „die Hauptsache ist, daß er keinen so großen Kopf hat."

Je größer der Kopf, desto mehr Blödsinn kann
sich ein Pferd ausdenken – das war Willis unum-
stößliche Meinung. Zwar hatte Willi noch nie auf
einem Pferd gesessen, und er würde auch in
Zukunft nicht in den Sattel steigen. Aber Willi
hatte sich so seine eigenen Ansichten über Pferde
zusammengebastelt aus all dem, was er bei

jedem Abendessen von seinen Kindern Britta und Christopher hörte. Die verbrachten nämlich den ganzen Tag in der Reitschule nebenan.

Auch bei Willis Frau Wiebke hatte jedes zweite Wort mit dem Stall zu tun. Während sich in anderen Familien die Frauen zum Geburtstag kostbare Ringe wünschten und die Kinder Computerspiele, wollte Willis Familie nur Dinge wie Reitwesten, Reithosen, Lederfett oder Leckerli.

Dieses Jahr hatten ihn seine drei Pferdefans richtig in die Mangel genommen. Alle drei wünschten sich zu Weihnachten und zum Geburtstag zusammen nichts anderes als ein Familienpferd.

Schließlich war Willi weichgeklopft. Jetzt mußte nur noch das richtige Pferd gefunden werden.

„Er muß lieb sein", sagte Britta, „lieb und ein Junge."

„... und braun", ergänzte Christopher, „braun ohne Flecken, sonst sieht er aus wie eine Kuh. Braun ohne Flecken, lieb und ein Junge."

„Auf jeden Fall muß er freundliche Augen haben", meinte Wiebke, „er muß kinderlieb sein und euch nicht runterwerfen, auch wenn er sich

mal erschreckt. Und ein Raufbold, der sich mit anderen Pferden herumstreitet, darf er selbstverständlich nicht sein."

„Klar muß er kinderlieb sein", fügte Willi hinzu. „Grundsätzlich lieb – aber insbesondere kinderlieb. Dann muß er braun sein ohne Flecken und freundliche Augen haben und darf kein Raufbold sein." Willi dachte einen Moment nach. „Ja, und dann natürlich der Kopf. Das ist die Hauptsache! Keinen zu großen Kopf, damit er sich nicht zu viel dummes Zeug ausdenken kann."

„Viel kosten sollte er wohl auch nicht", meinte Wiebke. „Schließlich kann Papa nicht nur für unser Hobby arbeiten."

Britta, Christopher und Willi nickten zustimmend. Willi nickte besonders heftig.

„Am besten nehmen wir kein Rassepferd", überlegte Wiebke, „sondern einen gesunden Mischling. Die sind robust und nie krank. Denn viel Geld für den Tierarzt haben wir nicht übrig."

So machte sich Familie Löwenberg auf die Suche nach einem kinderlieben, braunen Mischlingspferd ohne Flecken, mit freundlichen Augen und einem nicht zu großen Kopf, das gutmütig ohne

Ende und obendrein nicht zu teuer sein sollte.

Alle Freunde hatten schallend gelacht, als die Löwenbergs ihnen aufzählten, wie sie sich ihr Traumpferd vorstellten. „So ein Pferd müßt ihr euch wohl backen – das gibt es doch gar nicht", hatten sie gelästert.

Insgeheim gaben Löwenbergs ihren Freunden drei Monate später recht. Alle Pferde, die sie sich angeschaut hatten, waren zu teuer oder zu nervös.

Dann, eines Samstags, entdeckte Wiebke eine Anzeige in der kleinen Stadtteilzeitung: *Robustes Weidepferd (ohne Papiere) nur in gute Hände preiswert abzugeben.*

Sofort trommelte sie Willi, Britta und Christopher zusammen. „Los, wir fahren sofort hin", drängte Wiebke. „Das ist er! Ich bin total sicher."

Die Kinder und Willi beugten sich über ihre Schulter und lasen die Anzeige. „Woher weißt du denn, daß es keine Stute ist?" erkundigte sich Britta. „Und daß er braun ist und keine Kuhflecken hat?" wollte Christopher wissen. Willi pochte mit dem Zeigefinger auf die Zeitung: „Und von einem kleinen Kopf steht da auch nichts drin."

Wiebke stand entschlossen auf und riß das Inserat heraus. „Nervt mich nicht", sagte sie mit einem leicht gereizten Unterton. „Ich weiß es einfach."

Der Bauernhof, in dem Jeronimo untergestellt war, war nur zwanzig Autominuten entfernt.

Als Familie Löwenberg aus dem Wagen kletterte, bekam sie gerade noch mit, wie ein Pferd auf einen kleinen Reitplatz geführt wurde. Eine offensichtlich schlechte Reiterin mühte sich ab, in den Sattel zu kommen. Obwohl sie ihm beim Aufsitzen die Stiefelspitze in den Bauch bohrte und seinen Sattel halb herunterzerrte, blieb Jeronimo geduldig und gutmütig stehen. Schien wohl eine Anfängerin zu sein – na ja, da mußte er eben etwas nachsichtig sein.

Jeronimo warf einen Blick zu der Familie hinüber, die sich jetzt dem Zaun näherte. Er beurteilte die Menschen nach der Gesamtzahl ihrer Beine. Je mehr, desto besser. Das war eine ganz logische Pferderechnung: Hatte man nur einen einzigen Zweibeiner als Besitzer, dann kam der normalerweise nur einmal am Tag, um seinen Vierbeiner zu unterhalten. Hatte man zwei Besit-

zer, dann hatte man als Pferd zweimal am Tag die Chance, netten Besuch zu bekommen. Und vier Zweibeiner als Besitzer – das wäre natürlich der absolute Hit. Viermal am Tag eine Extraportion Möhren, Äpfel, Leckerli und Streicheleinheiten!

Jeronimo konnte sich jetzt leider nicht mehr um die ungelenke Frau kümmern, die immer noch nicht in den Sattel gekommen war. Er drehte sich einfach zur Seite weg und streckte der achtbeinigen Familie seine braune Nase zum Kraulen hin.

„Der Kopf ist genau richtig", sagte Willi begeistert.

„Und die Augen auch", stellte Wiebke zufrieden fest.

An Jeronimo stimmte überhaupt alles. So bezog er schon am Nachmittag seine neue Box im Reitstall neben Löwenbergs Haus.

Erst ging alles gut. Alle gratulierten zu dem robusten Holsteiner Bauernpferd.

Doch nach drei Tagen fing Jeronimo zu lahmen an. Der Tierarzt mußte kommen. Er gab teure Spritzen. Dann bekam der ganze Stall eine schwere Grippe. Jeronimo erwischte es am

schlimmsten. Eine Woche lang hatte er über vierzig Grad Fieber. Seine freundlichen Augen verloren jeden Glanz. Hilfesuchend rieb er seinen Kopf an jedem aus seiner achtbeinigen Familie, der ihn besuchte. Das gutmütige, braune Pferd war ein Bild des Jammers. Britta und Christopher liefen gleich nach der Schule in den Stall und kümmerten sich um ihr krankes Pferd. Nachts wechselten sich Wiebke und Willi mit kalten Wickeln ab. Jeden Morgen kam der Tierarzt. Willi bezahlte seine hohen Rechnungen, ohne etwas zu sagen.

Aber Wiebke und die Kinder wußten, daß es so nicht weiterging. Ihre beiden Hunde, der Beo, der Hamster, der Wellensittich und die Enten und Gänse im Garten waren schon teuer genug.

„Hundert Tage", sagte der Tierarzt. „Es ist immer dasselbe. Die ersten hundert Tage bei einem neuen Besitzer sind viele Pferde krank. Die Umstellung macht ihnen zu schaffen."

Hundert Tage – das waren mehr als drei Monate! Und Jeronimo war erst vier Wochen da! Noch mehr Krankheiten würden sie nicht bezahlen können ...

Als schon keiner mehr daran glaubte, ging es

mit dem braunen Familienpferd bergauf. Doch dann passierte neues Unheil! Willis Auto gab seinen Geist auf. Ein neues mußte her.

„Mir fällt wirklich ein Stein vom Herzen", meinte Willi beim Abendessen, „daß euer Jeronimo wieder gesund ist. Noch mehr Tierarztrechnungen hätten wir im Moment wirklich nicht bezahlen können."

Doch als Wiebke und die Kinder am nächsten Morgen in den Stall kamen, war Jeronimo schon wieder lahm. Schlimmer als vorher. Hörte die Pechsträhne denn nie auf?

Eine Thrombose, stellte der Tierarzt fest. Ein gefährliches Blutgerinnsel; er müsse jeden Tag zum Spritzen kommen.

Britta und Christopher sahen sich nur kurz an, als Wiebke ihnen davon berichtete. Dann verschwanden sie wortlos in ihren Zimmern.

„Hier", sagte Christopher, als er mit seinem blauen Sparschwein in der Hand zurückkam, „da ist einiges drin, das müßte für die nächsten..."

„In meinem auch", fiel ihm Britta eifrig ins Wort und setzte ihr rotes Schwein schwungvoll auf den Tisch.

„Ihr seid wirklich echte Pferdefreunde." Wiebke

knuddelte ihre beiden Kinder ab und erzählte ihnen, sie werde demnächst vormittags im Zoogeschäft arbeiten und das Geld für den Tierarzt dazuverdienen.

Sie machten aus, Willi gar nichts von Jeronimos neuer Krankheit zu sagen. Die Rechnungen wollten sie heimlich selbst bezahlen. Das mußten dann aber auch die letzten sein! Wenn noch mehr dazukam …

Ängstlich standen sie bei der nächsten Untersuchung neben dem Tierarzt. Er schien erstaunt. Mißtrauisch wiederholte er seine Kontrollen mehrmals. Britta, Christopher und Wiebke zuckten zusammen. Sein Kopfschütteln konnte nichts Gutes bedeuten.

„Ist es schlimmer geworden?“ Wiebkes Stimme klang ungewohnt leise.

Wieder schüttelte der Tierarzt den Kopf. „Ein Wunder“, sagte er schließlich, „das Pferd ist wirklich ein Wunder. Euer Jeronimo ist total gesund. Ich finde nichts mehr, gar nichts!“

„Woooow!“ Britta und Christopher stimmten ihr gefürchtetes Indianergeheul an. Diesmal war es der Tierarzt, der zusammenzuckte. Genauso wie Willi, der gerade von der Geheimaktion seiner

Familie gehört hatte und empört in den Stall
gelaufen war.

„Für was haltet ihr mich eigentlich?" polterte er
los. „Denkt ihr denn, ich hätte unseren Jeronimo
wieder hergegeben? Lieber verzichte ich auf das
Auto und lerne doch noch reiten! Was hältst du
davon, mein Junge?"

Jeronimo schnaubte zufrieden. Heute war er
einfach zu allem bereit. Schließlich war er gerade
mit drei schweren Krankheiten fertig geworden.
Warum sollte er es nicht auch mit Willi aufnehmen?

Die Unzertrennlichen

Als Amor das erste Mal sein Stallhalfter zerriß,
war er gerade zwei Jahre alt. Er war angebunden
gewesen, und seine große Schwester Leiki, mit
der er bisher jeden Tag seines Lebens verbracht
hatte, war mit allen anderen Pferden auf die

Wiese gebracht worden. Amor durfte an dem Tag nicht mit, weil er ein verletztes Fesselgelenk hatte.

Amor war außer sich gewesen an diesem Dienstag im Mai. In höchster Verzweiflung riß er immer wieder den Hals hoch, um aus dem Lederriemen herauszukommen. Laut wiehernd schlug er mit dem Kopf, zerrte an dem Strick, der nicht nachgeben wollte. Endlich rissen die Ösen der Halfterschnalle, und der kleine Wallach stürmte wie von Sinnen nach draußen.

Noch nie hatte Amor vorher erlebt, daß die gesamte Herde ihn verließ, und das hatte ihn in Panik versetzt. Woher sollte er wissen, daß seine Kameraden bald zurückkommen würden?

An diesem Dienstag hatte Amor herausgefunden, daß man jedes Stallhalfter zerreißen konnte, wenn man nur lange genug daran zerrte. Weil er dieses Hobby im Laufe seines Lebens ausgiebig pflegte, hatte er oft Gelegenheit, die Halfter-Neukauf-Geduld des Reitstallbesitzers auf die Probe zu stellen ...

Amor war an jenem Dienstag im Mai jedenfalls glücklich, seine Leiki gleich nebenan auf der Wiese wiederzufinden.

Die schöne dunkle Fuchsstute war für ihn eben die ältere Schwester, auf die man sich verlassen konnte. In ihrer Nähe fühlte er sich sicher.

Dabei war Leiki weder seine Schwester noch wesentlich älter. Sie war in der Nachbarbox nur drei Tage eher zur Welt gekommen als Amor. Aber weil sie schon da war, als er geboren wurde, hatte der Fuchswallach sie als „große Schwester" anerkannt. Sie wichen einander nicht von der Seite.

Legte Leiki sich auf der Wiese ins Gras, ließ sich Amor daneben fallen, lehnte seinen Kopf an ihren Bauch und streckte die Beine lang aus. Das machte er auch, wenn sie nebeneinander in ihren Ständern schliefen. Manchmal rückte Leiki zur Seite, um ihrem „kleinen Bruder" mehr Platz zum Ausstrecken zu lassen. Dafür machte er gleich einen Schritt nach rechts, wenn die Stute ihre Nase in seinen Futtertrog steckte. Er ließ sich Zeit beim Fressen. Sein Trog war immer noch halb voll, wenn Leikis längst leergefressen war.

„Die Unzertrennlichen" hießen die beiden im Stall.

Dabei waren die beiden Füchse so gegensätz-

lich wie Feuer und Wasser. Leiki schnell, aufmerksam und eine elegante Springerin. Amor langsam, verträumt, beim Springen tolpatschig, aber rührend bemüht, seine Füße vor den Hindernissen zu sortieren und mit Feuereifer irgendwie auf die andere Seite zu krabbeln.

Gingen Amor und Leiki in der Abteilung nicht direkt hintereinander, überholten sie die anderen Schulpferde so lange, bis sie endlich wieder Kopf an Schweif trotteten. Der Reitlehrer hatte es aufgegeben, ihnen diese „Anhänglichkeit" durch Tricks und Belohnungen abzugewöhnen.

„So sind sie nun mal, unsere Unzertrennlichen", seufzte er nur manchmal, wenn sich mal wieder beim Einzelgalopp auf die Aufforderung „Leiki, Galopp marsch" auch Amor in Bewegung setzte.

Die beiden jemals zu trennen, das war allen im Stall klar, daran konnte man nicht mal im Traum denken. Jedenfalls nicht bis zu dem Tag, als der Stallbesitzer aus heiterem Himmel wegen seiner Bandscheiben ins Krankenhaus mußte.

Danach ging alles ganz schnell: Weil der kranke Stallbesitzer keine schwere Stallarbeit mehr machen durfte, mußte die Anlage verkauft werden.

Doch wer kauft heute schon eine Reitschule?
Jemand, der Pferde mag und sie gut behandelt,
kann damit nicht viel Geld verdienen. Der Stall
wurde schließlich von einem reichen Geschäftsmann übernommen, der ein Vermögen mit
Imbißständen verdient hatte. Viel verstand Peter
Pelle nicht von Pferden. Er fand sie nur edel,
besonders beim Springen.

Man konnte Peter Pelle nicht gerade gefühlvoll
nennen. Was kein Geld brachte oder ihm nicht
gefiel, damit machte er kein großes Federlesen.
Als erstes ließ er in der Halle Hindernisse auf-
bauen und die Pferde vorspringen.

„Wer hier nicht anständig springt, kommt weg!"
verkündete Bratwurst-Pelle sofort.

Leiki gefiel ihm auf Anhieb.

„Die kriegt meine Tochter", sagte er.

Seine Tochter Alexandra wurde von Peter Pelle
an und für sich nicht gerade mit Liebe über-
schüttet. Aber er malte sich aus, daß er vor seinen Geschäftsfreunden damit angeben konnte,
wie seine Tochter mit der schicken Stute über die
Hürden flog.

Die meisten Schulpferde fanden Gnade vor
Pelles Augen. Die Mädchen wußten aber auch

genau, mit welchen Tricks sie ihre Lieblingspferde dazu bringen konnten, halbwegs elegant
über die Stangen zu kommen.

Zuletzt war Amor an der Reihe. Die Mädchen
saßen mit fest gedrückten Daumen auf der
Tribüne. Hoffentlich war er heute nicht so tolpatschig! Katharina gab in Amors Sattel wirklich ihr
Bestes, um den Fuchswallach anständig springen
zu lassen. Vergebens. Amor hatte leider seinen
Träumer-Tag und verpatzte alles!

„Der Fuchs da mit dem weißen Stern auf der
Stirn", sagte Bratwurst-Pelle, „weg…"

Schon am nächsten Morgen war der Wallach verkauft. Als Katharina in den Stall kam, sah sie
gerade noch den Hänger wegfahren.

Leiki war den ganzen Tag über total nervös.
Gegen Abend war sie kaum noch zu beruhigen.
Unaufhörlich wieherte sie, reckte den Kopf und
starrte zur Stalltüre. Zwar hatte sie sich im Laufe
der Jahre daran gewöhnt, daß ihr „kleiner Bruder" tagsüber manchmal einige Stunden für den
Unterricht weg war – aber zum Heu am Abend
war er immer zurück gewesen.

Als der Platz neben ihr auch am nächsten und

übernächsten Tag und dann die ganze Woche leer blieb, hörte Leiki auf zu wiehern. Ihre schönen Augen wurden dunkel vor Schmerz.

Ein Herz kann brechen, auch wenn es weiterschlägt...

Bei den Reitstunden war jetzt von Leikis ehemals schwungvollem Gang nichts mehr zu merken. Alexandra, die Tochter von Bratwurst-Pelle, war völlig ratlos. Sie hatte sich sofort in die verschmuste Leiki verliebt. Zuerst hatte sie das Gefühl gehabt, daß auch Leiki sie mochte. Aber jetzt? Sie konnte nichts mehr mit der Stute anfangen.

Die anderen Mädchen im Stall schnitten Alexandra wegen ihres Vaters, der Amor verkauft hatte. Besonders Katharina war immer kurz angebunden und redete kaum ein Wort mit ihr.

Alexandra litt schrecklich darunter. Ihr Vater kümmerte sich nie um sie, ihre Mutter hatte genug mit ihren Tennisfreundinnen zu tun, die Schule war eine einzige Pleite, und im Stall wollte auch keiner etwas mit ihr zu tun haben. Nein, es war nicht schön, Tochter von reichen Eltern zu sein! Heute hatte sie eine Physikarbeit wiederbekommen – eine glatte Fünf. Alles war zum Heu-

len. Mit gesenktem Kopf hockte Alexandra sich auf Leikis Futterkrippe.

„Warum ich unglücklich bin, weiß ich ja", sagte sie leise und kraulte Leiki den Nasenrücken. „Aber warum du so traurig bist, das verstehe ich einfach nicht."

Katharina hatte zufällig in der Box nebenan gestanden und alles mitgekriegt. War Alexandra am Ende gar nicht so blöd? Sondern nur ihr Vater? Entschlossen öffnete sie die Boxentür und setzte sich zu Alexandra auf den Futtertrog.

„Also, mit Leiki und Amor ist das so...", begann sie.

Und dann erzählte Katharina die ganze Geschichte der Unzertrennlichen.

Dreißig Minuten später blätterten die beiden Mädchen in den Aktenordnern von Herrn Pelle. Sorgfältig verstaute Alexandra den Kaufvertrag von Amor in ihrer Hosentasche, holte ihr ansehnliches Sparbuch aus ihrem Zimmer und rannte mit Katharina los, um den nächsten Bus zu erwischen.

Es war noch hell, als der Hänger am Abend in der Pelle-Reitschule ankam.

„Ich bring' ihn erst mal in den Paddock, sonst macht er die anderen verrückt", sagte Katharina, als sie Amor ausgeladen hatten. „Hol du Leiki nach draußen."

So ein ausgelassenes Wiehern hatte der Stall schon lange nicht mehr gehört! Die beiden „Geschwister" stürmten aufeinander zu, wälzten sich im Sand und tobten wie verrückt durch den Auslauf.

Als sie endlich total erschöpft zurücktrabten, legte Leiki ihren Kopf auf Alexandras Schulter und leckte ihr behutsam über die Hände.

„Das erste Mal hab' ich das Gefühl, daß Geld zu etwas nutze sein kann", murmelte Alexandra und nahm sich vor, mit ihrem Vater ein ernstes Wort zu reden.

Der Herr der Pferde

Für jedes Pferd steht im Paradies eine große Truhe mit tausend goldenen Perlen. Behandeln die Menschen das Pferd auf der Erde gut, wird bei jeder Wohltat eine Perle aus der Truhe genommen. Wenn das Pferd gestorben ist und auf die ewige Weide kommt, zählt der Herr der Pferde die übriggebliebenen Perlen in der Truhe. Wer bei den Menschen Schlimmes erlebt hat, wird dann

für die schlechte Erdenzeit entschädigt.

Eine schöne Holsteiner Schimmelstute kam eines Nachmittags am Gatter des Paradieses an.

„Deine Truhe ist fast leer", sagte der Herr der Pferde, „du mußt ein gutes Leben gehabt haben."

Die Stute nickte bedächtig. „Meine Besitzer haben alles für mich getan. Als ich Probleme mit den Hufen bekam, haben sie mich auf die Weide gestellt, damit meine Beine geschont wurden. Sie haben dafür gesorgt, daß ich jeden Tag laufen und toben konnte, und so wurde ich mit ihnen zusammen sehr alt. Und als die Stunde des Abschieds gekommen war, sind sie bis zur letzten Minute an meiner Seite geblieben."

Die Stute schwieg einen Moment. „Ja, ich habe es sehr gut gehabt da unten", fügte sie dann hinzu.

„Such dir eine Weide aus", schlug der Herr der Pferde vor.

„Ich brauche keine große Wiese", entgegnete die Stute, „gib die großen Weiden meinen Kollegen, die auf der Erde nicht so viele gute Tage gesehen haben."

Als nächstes stand ein großer Friesenwallach vor dem Paradiesgatter. Auch er war sehr, sehr

alt. So alt, daß seine schwarze Mähne grau geworden war, was man nur ganz selten sieht.

„Auch bei dir finde ich nur noch wenige Perlen in der Truhe", sagte der Herr der Pferde.

„Ich habe es sehr gut gehabt", erwiderte der Friese. „All die Jahre bin ich mit Liebe umsorgt worden. Und als die Stunde des Abschieds kam, ist mein Mensch bis zur letzten Minute an meiner Seite geblieben."

Dann kamen zwei braune Schulpferde angetrabt.

„Wie ist es euch ergangen in der Reitschule?" fragte der Herr der Pferde. „Ich wundere mich, daß ich in eurer Truhe nur noch wenige Perlen sehe."

„Das muß dich nicht wundern", sagten die Schulpferde, „unser Stallbesitzer hat uns helle Boxen bauen lassen, statt sich ein neues Auto zu kaufen. Weil wir bessere Sättel brauchten, hat er sogar auf den Urlaub verzichtet."

„Gab es denn nie Reitschüler, die häßlich zu euch waren?" wollte der Herr der Pferde wissen.

„Manchmal schon", gaben die Schulpferde zu. „Aber die Liebe der Kinder hat uns immer wieder Mut gemacht."

Die Braunen sahen den Herrn der Pferde an und sagten: „Wir haben es wirklich gut gehabt da unten. Und als die Stunde des Abschieds kam, hat uns der Stallbesitzer auf unserem letzten Weg begleitet.“

Ein zierlicher, schwarzer Traberwallach kam jetzt auf das Paradies zu, kaum älter als vier Jahre. Sein Fell glänzte wie Seide, aber seine Augen waren müde und ohne Glanz.

„Warum bist du hier, mein Freund?“ fragte der Herr der Pferde. „Du bist noch zu jung zum Sterben.“

„Ich war keine gute Geldanlage“, antwortete der Traber. „Auf der Trabrennbahn war ich zu langsam. So sehr ich mich anstrengte, ich konnte nicht schneller laufen. Mein Besitzer sagte, ich sei zu teuer zum Durchfüttern und hat mich zum Schlachter bringen lassen.“

Der Herr der Pferde öffnete die Truhe des Trabers und fand sie noch fast bis zum Rand gefüllt.

„Das muß ein trauriges Leben gewesen sein“, sagte er, „hast du nicht einmal eine schöne Kindheit gehabt?“

„Kindheit – was für ein wundervolles Wort“, entgegnete der Traber. „Was bedeutet es?“

„Kindheit", sagte der Herr der Pferde, „das heißt, mit anderen Fohlen über Wiesen zu galoppieren, im Spiel die Kräfte zu messen, sich zu wälzen und in Seen zu baden, seinen Platz in der Herde zu suchen und Freunde zu finden. Man läßt doch die Pferde drei Jahre lang Kind sein, bevor die Arbeit beginnt. Hast du das nicht erlebt?"

„Nein", sagte der Traber, „für mich fing das Training mit einem Jahr an. Sie haben mir den Kopf mit Lederriemen zurückgezogen und die Zunge festgebunden, damit ich nicht galoppierte. Als ich zu langsam war, haben sie mich mit Peitschen aus Stacheldraht geschlagen."

„Warum tun sie das?" fragte der Herr der Pferde zornig.

„Man kann viel Geld mit Wetten auf der Trabrennbahn verdienen", erklärte der Traber, „mit einem schnellen Traber kann man reich werden. Ich war leider ein schlechtes Geschäft."

Da führte der Herr der Pferde den kleinen Traber auf die große Paradiesweide – mit Seen, die gefüllt waren mit schimmerndem Himmelstau, mit Plätzen aus goldenem Sand zum Wälzen und mit endlosen Wiesen zum Galoppieren. Alle Traber und all die anderen Pferde, die von ihren

Besitzern als Sportgeräte mißbraucht worden waren, vergnügten sich darauf.

Fasziniert blieb der Traber stehen.

„Ist das Kindheit?" fragte er entzückt.

„Lauf los und genieße sie", sagte der Herr der Pferde.

Der Herr der Pferde war voller Empörung über die Menschen, aber es kam noch schlimmer.

Ein braunes Pferd schleppte sich auf das Paradies zu, ein Bild des Jammers. Ein gebrochenes Bein hing schlaff herab, Blut sickerte aus vielen Wunden im Gesicht und an der Schulter. Das Maul war grausam geschwollen, weil das Pferd sich im Schlachtpferdetransporter halb wahnsinnig vor Durst die Zunge an den Wänden wund geleckt hatte.

Als der Herr die Truhe dieses Pferdes öffnete, fehlte nicht eine einzige Perle.

„Wer hat es zugelassen, daß man dich so quält?" fragte er erzürnt.

„Die Politiker", antwortete das Schlachtpferd mit matter Stimme. „Sie könnten die Gesetze ändern, aber es interessiert sie nicht. Es geht nur ums Geld. Man verdient eben viel mehr, wenn man Pferde aus Osteuropa zum Schlachten bis

nach Südfrankreich oder nach Italien transportiert."

Der Herr der Pferde führte das Pferd auf seine größte und schönste Weide mit klaren, frischen Wasserquellen und Kräutern, die jede Wunde heilen.

„Was ist das für ein prächtiger, goldener Ball über der Weide?" wollte das Pferd wissen.

„Das ist die Sonne. Kennst du sie nicht?"

„Nein. Aber ich habe die Menschen davon reden hören", sagte das Schlachtpferd glücklich und ging zu den Quellen, um seinen Durst zu löschen.

Da versammelten sich die Privat- und Schulpferde, die es gut gehabt hatten auf der Erde, und sagten zum Herrn der Pferde: „Es ist gut, daß unsere armen Freunde es hier so paradiesisch haben. Aber kommen ihre Peiniger ungeschoren davon?"

„Sie bekommen ihre gerechte Strafe", entgegnete der Herr der Pferde.

„Welche?" wollten die Pferde wissen.

„Sie müssen als Pferd zurück auf die Erde. Dort haben sie das gleiche zu erdulden wie die Tiere, die sie gepeinigt haben."

Der Herr der Pferde winkte den Pferden, ihm

zu folgen. Sie gingen lange Zeit über einen schmalen Pfad, bis sie an einen großen Platz gelangten, auf dem eine gewaltige Waage aufgebaut war. Jeder Mensch wurde vor diese Waage gerufen, und es wurden zwei Fragen gestellt.

Ein Rennstallbesitzer stand gerade vor dem höchsten Gericht.

„Wer hat etwas Gutes über ihn zu berichten?" hieß die erste Frage.

Es fanden sich einige, die auf der Trabrennbahn gewonnen hatten, die mit ihm gemeinsame Sache gemacht hatten, und sein Kampfhund, der von ihm gut behandelt worden war. Sie alle stiegen in die eine Waagschale.

Dann kam die zweite Frage: „Wer von den Trabern hat etwas gegen ihn vorzubringen?"

Da galoppierten alle seine Traber heran. Die, die hohe Preise gewonnen hatten und die, die er zum Schlachter geschickt hatte.

„Was habt ihr ihm vorzuwerfen?" fragte der Richter.

„Er hat uns die Kindheit gestohlen", sagten die Traber. Sie stiegen auf die andere Waagschale und drückten sie mit ihrem Gewicht ganz nach unten.

Danach sahen die Pferde einen Politiker vor dem Gericht. Er fand eine ganze Anzahl von Menschen, die für ihn aussagten.

„Er wird sich geschickt herausreden – wie auf der Erde", befürchteten die Pferde, „da sind viele, die er mit Geld bestochen hat und die ihm wichtige Posten zu verdanken haben. Mindestens fünfzig Menschen. Wer wird gegen ihn aussagen?"

„*Fünfzigtausend Schlachtpferde*", sagte der Herr der Pferde, „er wird keine Chance haben."

DIE BESTEN PFERDEBÜCHER

EINE AUSWAHL

Ayres, Jane
Bilder, die lebendig werden

Böckl, Manfred
Der Rappe mit der Elchschaufel

Fenner, Carol
Der Sommer der Pferde

Hein, Erika
Wenn wir Freunde wären

Henning, Ann
Das Fohlen aus Connemara

Wirbelwind, der Hengst aus Connemara

Kruse, Max
Anna zu Pferde

Lange, Christine
Die Ponys vom Fjord

Marzinek-Späth, Edel
Neues Pferd auf dem Hof!

Östman, Nan Inger
Siegesschleifen

Tine und das kleine Pony

Panero, José Antonio
Das Pferd, das die Sterne kannte

Peyton, Kathleen M.
Darkling – Die Geschichte eines Rennpferdes

Ein Platz für ein Pony

DIE BESTEN PFERDEBÜCHER

EINE AUSWAHL

Pinkwater, Jill
Die Wolkenpferde

Somplatzki,
Herbert
**Traumpferde –
Die schönsten
Pferdegeschichten**

Padoan, Gianni
Die wilden Pferde von Dorgali

Panero, José Antonio
Das Pferd, das die Sterne kannte

Peyton, Kathleen M.
**Darkling –
Die Geschichte eines Rennpferdes**
Ein Platz für ein Pony

Siamon, Sharon
Ein Pferd für Josie Mond

Springer, Nancy
Silberwolke, Karins Traumpferd

Wegener-Olbricht, Helga (Hrsg.)
Goldschweif und Silbermähne

Mein Pferd läuft mit dem Wind

Mein Pony ist mein bester Freund

Wikander, Eva
Sascha und das schwarze Fohlen